신문이 보이고 뉴스가 들리는 ㊲

재미있는

외교와 국제기구 이야기

신문이 보이고 뉴스가 들리는 37
재미있는 외교와 국제기구 이야기

초판 1쇄 발행 | 2014년 4월 23일
초판 4쇄 발행 | 2017년 1월 23일

지 은 이 | 박기태
그 린 이 | 유설화

펴 낸 곳 | (주)가나문화콘텐츠
펴 낸 이 | 김남전
기 획 부 장 | 유다형
편 집 | 김수경 김영남 김경미
외 주 편 집 | 김혜영
디 자 인 | 손성희 정란
마 케 팅 | 정상원 석철호 한웅 김태용 정용민
경 영 관 리 | 임종열 김다운 박희제
출 력 | 한결그래픽스
인 쇄·제 책 | (주)백산하이테크

출 판 등 록 | 2002년 2월 15일 제10-2308호
주 소 | 경기도 고양시 덕양구 호원길 3-2
전 화 | 02-717-5494(편집부) 02-332-7755(관리부)
팩 스 | 02-324-9944
홈 페 이 지 | ganapub.com
이 메 일 | admin@anigana.co.kr

ISBN 978-89-5736-664-6 (74340)

*책값은 뒤표지에 표시되어 있습니다.
*이 책의 내용을 재사용하려면 반드시 (주)가나문화콘텐츠의 동의를 얻어야 합니다.
*잘못된 책은 바꾸어 드립니다.

*'가나출판사'는 (주)가나문화콘텐츠의 출판 브랜드입니다.

이 도서의 국립중앙도서관 출판시도서목록(CIP)은 서지정보유통지원시스템 홈페이지(http://seoji.nl.go.kr)와 국가자료공동목록시스템(http://www.nl.go.kr/kolisnet)에서 이용하실 수 있습니다.(CIP제어번호: CIP2014008693)

- 제조자명 : (주)가나문화콘텐츠
- 주소 및 전화번호 : 경기도 고양시 덕양구 호원길 3-2 / 02-717-5494
- 인쇄일 : 2017년 1월 18일
- 제조국명 : 대한민국
- 사용연령 : 8세 이상 어린이 제품

신문이 보이고 뉴스가 들리는 ③⑦

재미있는

외교와 국제기구 이야기

글 박기태 | 그림 유설화

추천 신길수(주 그리스 대사)
　　　류광철(주 짐바브웨 대사)
　　　조병제(주 말레이시아 대사)
　　　장동희(주 핀란드 대사)
　　　전남진(한국국제교류재단 경영 이사/전 주 피지 대사)
　　　손미향(한국뉴욕주립대학교 국제개발연구원장 및 겸임 교수)

가나출판사

| 머리말 |

외교와 외교관, 국제기구의 모든 것을 알아보아요

안녕하세요, 여러분! 저는 민간 외교사절단 '반크'의 박기태 단장입니다. 저는 지난 15년 동안 우리나라의 어린이, 청소년 및 청년 들과 함께 민간 외교를 통해 전 세계 사람들에게 우리나라를 알리는 활동을 해 왔어요.

먼저 제가 몸담고 있는 반크가 추구하는 생각을 어린이 여러분에게 알려 드릴게요. 저는 우리 반크의 민간 외교 활동이 하나의 작은 씨앗이라고 생각해요. 한 알의 씨앗이 자기 하나의 가치만을 발견하는 데 그친다면 혼자서 큰 나무가 되는 데서 멈추겠지요. 하지만 주변의 수많은 씨앗들의 가치까지 응원하면서 함께 성장해 간다면 울창한 숲을 이룰 수 있을 거예요. 그리고 그 씨앗들이 함께 만든 울창한 숲에는 수많은 새들이 깃들어 노래할 것이고요.

바로 여기에 우리 대한민국의 미래가 있어요. 미래 대한민국의 주인공인 여러분이 세상을 변화시킬 수 있는 개개인의 가치를 발견하고, 각자 자신의 삶을 통해 세상을 변화시키는 위대한 꿈을 향해 도전하는 것, 나를 통해 대한민국을 70억 세계 사람들이 찾아와 둥지를 틀고 노래하는 울창한 희망의 숲이 되게 하는 것, 이것이 우리가 이 땅에 태어나고 존재하는 이유가 아닐까요?

 이제 저는 그동안 민간 외교를 펼치며 쌓아 온 저의 경험을 통해, 미래 외교관을 꿈꾸는 여러분에게 정부의 외교 활동뿐만 아니라 국제기구를 통한 다양한 외교 활동에 대해 소개하려고 해요. 외교는 더 이상 나라에 소속된 외교관들만 하는 활동이 아니에요. 오늘날 디지털 네트워크로 이어진 지구촌에서는 누구나 디지털 외교관이 될 수 있답니다. 물론 정식 외교관이 될 수 있는 방법도 가르쳐 줄 거예요. 자, 지금부터 외교와 외교관 그리고 국제기구에 대한 모든 것을 알아보러 함께 떠나 볼까요!

사이버외교사절단 '반크' 단장
박기태

| 추 천 의 글 |

　외교와 국제기구는 어린이들에게는 다소 어려울 수도 있는 주제예요. 그런데 이번에 반크의 박기태 단장이 쓴 《외교와 국제기구 이야기》는 매우 알기 쉽게 쓰여서, 어린이들이 외교의 개념과 중요성을 이해하는 데 무척 큰 도움이 될 거라고 생각돼요. 이 책에는 박기태 단장이 동해와 독도에 관한 외국 지도상의 오류들을 시정하기 위해 노력하는 과정에서 몸으로 부딪히며 체득한 외교와 국제기구에 관한 경험과 지식이 잘 녹아 있어요. 최근 우리 외교 활동에서는 외국인들을 대상으로 우리나라의 이미지를 높이는 공공외교의 중요성이 증대되고 있지요. 그런 만큼 어린이들이 이 책을 읽고 외교를 이해함으로써 세계에 우리나라를 바르게 알리는 민간 외교관으로 성장했으면 좋겠어요. 나아가, 우리 어린이들이 우리나라의 통일과 이를 통해 세계의 번영과 발전에 기여하겠다는 원대한 꿈을 키운다면 더욱 좋겠지요.

신길수 (주 그리스 대사)

　반크의 박기태 단장은 정말 활달하고 에너지가 넘치는 사람이에요. 민간 외교관으로서 지금까지 정말 많은 일을 했고 우리나라를 전 세계에 올바로 알리는 데 크게 기여했지요. 박기태 단장은 특히 2011년 11월 반크 팀을 이끌고 짐바브웨를 방문해 아프리카에 우리나라의 얼을 심고, 우리 문화와 역사를 알려 우리나라의 이미지를 깊이 심어 주었어요. 이번에 박기태 단장이 '외교와 국제기구'에 관한 책을 썼다는 말을 듣고 저는 춤이라도 추고 싶은 심정이었어요. 왜냐하면 박기태 단장이야말로 우리 어린이들에게 해외무대 진출의 꿈과 소망을 심어 줄 가장 적임자라고 생각하기 때문이에요. 박기태 단장은 이 책에서 외교가 무엇인지, 외교관이 무슨 일을 하는 사람인지, 국제기구는 무엇이고 우리 어린이가 앞으로 어떤 꿈을 어떻게 키워 나갈 수 있는지 등등을 알기 쉽게 설명하고 있어요. 저는 이 책이 앞으로 큰 뜻을 품고 전 세계를 상대로 뻗어 나가려는 우리 어린이들에게 중요한 역할을 할 거라고 믿습니다.

류광철(주 짐바브웨 대사)

대한민국과 독도를 세계에 바로 알리기로 유명한 사이버외교사절단 반크의 박기태 단장이 이번에는 외교와 외교관, 국제기구에 관해 어린이들이 읽고 이해하기 쉽도록 풀어 쓴 책을 내놓았어요. 이 책은 모든 국민이 사이버 외교관인 오늘날의 외교와 외교관들이 실제로 어떻게 움직이며, 이것이 우리 생활에 얼마나 큰 영향을 미치고 있는지를 잘 알려 주고 있어요. 사이버 외교와 현실 외교의 접목을 추구하는 셈이에요. 이 책은 글로벌 시대에 어울리는 꿈을 키우고 미래를 위한 구체적인 목표와 방향을 정하려는 어린이들에게 좋은 읽을거리가 될 거예요.

조병제(주 말레이시아 대사)

| 추 천 의 글 |

요즈음 우리가 살고 있는 세상을 '지구촌'이라고 해요. 지구 반대편에 있는 사람과 실시간으로 대화하고 게임을 즐기는 것은 물론, 전 세계 사람들이 동시에 싸이의 '강남 스타일'을 보며 열광하는, 지구라고 불리는 한마을에 같이 살고 있기 때문이에요. 이 책은 앞으로 더욱 세계화된 세상을 살아갈 우리 어린이들에게, 이 지구촌을 보다 살기 좋은 마을로 바꿀 수 있다는 꿈과 희망을 심어 줄 안내서 역할을 톡톡히 해낼 거예요.

장동희(주 핀란드 대사)

저는 한국국제교류재단(한국학, 한국 문화 등 한국을 해외에 포괄적으로 널리 소개하는 한국의 대표적인 공공외교 수행 기관)에서 경영 이사로 일하면서, 우리 어린이들이 외교와 국제기구를 이해하면 민간 외교관 역할을 더욱 잘 해낼 수 있을 것이라고 생각해 왔어요. 그런 측면에서 이번에 반크의 박기태 단장이 《외교와 국제기구 이야기》를 내는 것은 참으로 잘하는 일이라고 생각해요. 박기태 단장은 어른들에게도 어렵게 느껴지는 외교와 국제기구 이야기를 쉽게 풀어 쓰고 재미있는 그림으로 보충 설명도 넣어, 우리 어린이들이 외교와 국제기구에 친근하게 접근할 수 있게 했어요. 이 책이 민간 외교관으로 활동하며 미래 전문 외교관을 꿈꾸는 우리 어린이들에게 가뭄에 단비와 같은 역할을 하고, 큰 꿈을 이루는 데 중요한 촉매제 역할을 하기 바랍니다.

전남진(한국국제교류재단 경영 이사/전 주 피지 대사)

어린 친구들이 세상을 변화시키겠다는 월드체인저로서의 꿈을 꾸면서도 무엇을 어떻게 시작해야 할지 잘 모르는 환경에서, 이 책은 현장의 목소리와 경험을 바탕으로 쉽고 재미있게 그리고 구체적으로 꿈을 실현할 수 있게 도와주는 좋은 친구가 되어 줄 것 같아요. 이제 우리 어린이들이 살아갈 세상은 대한민국을 벗어나 전 세계적으로 모두가 함께 어울려 잘사는 세상이 될 거예요. 따라서 세계 시민 교육이 너무도 필요한 시기에 《외교와 국제기구 이야기》는 어린이들에게 적절한 도움을 줄 책이라고 생각해요. 그동안 비전 특강을 하며 수시로 어린이들의 꿈이 국제기구에서 일하는 것이라는 말을 들을 때마다 저는 이렇게 질문하곤 했어요. "국제기구에서 어떤 역할을 하고 싶나요? 모두가 유엔 사무총장이 될 수는 없는데……." 스스로 타고난 재능을 쉬지 않고 계발해 세상을 변화시킬 수 있는 조직에서 그 능력을 발휘한다면 얼마나 기쁠까요? 이 책을 읽고 자기 자신만을 위해 공부하기보다는 남을 돕기 위해, 세상을 변화시키기 위해 공부하는 멋진 친구들이 더욱 많아지길 바랍니다. 그리고 어린이들이 그 꿈을 이루는 데 최고의 도우미 역할을 할 박기태 단장을 응원합니다.

손미향(한국뉴욕주립대학교 국제개발연구원장 및 겸임 교수/
전 국제백신연구소 자원개발 마케팅 본부장)

| 차례 |

머리말 · 4
추천의 글 · 6

1장

외교와 외교관 이야기 · 14
외교, 그게 뭐예요? · 16
외교권이 없으면 큰일 난다고요? · 18
외교부는 어떤 곳이에요? · 20
국가 의전이 외교 행사의 꽃이라고요? · 24
대사관은 어떤 곳인가요? · 26
외교관은 어떤 일을 해요? · 30
외교관이 되려면 어떻게 해야 해요? · 34

2장

외교관이 들려주는 생생한 외교 이야기 · 36
우리 국민을 지켜 주는 영사 외교 · 38
우리나라를 알리는 문화 외교 · 40
세계에서 하나뿐인 분단국가의 안보 및 통일 외교 · 42
다른 나라를 돕는 나눔 외교 · 44
생생 인터뷰 한국국제협력단, 박대원 전 이사장 · 46
아프리카를 감동시키는 가랑비 외교 · 48
생생 인터뷰 아프리카 짐바브웨, 류광철 대사 · 50

3장 세상을 바꾸는 디지털 외교 이야기 · 52

디지털 외교가 뭐예요? · 54
디지털 대사관은 또 뭐예요? · 56
정말 디지털 외교가 중요한가요? · 58
누구나 디지털 외교관이 될 수 있어요? · 60
디지털 외교관이 되는 방법 ❶ SNS로 세계인과 친구가 되어요 · 62
디지털 외교관이 되는 방법 ❷ 블로그를 열심히 운영해요 · 64
디지털 외교관이 되는 방법 ❸ 우리나라를 알리는 UCC를 만들어요 · 66
디지털 외교관이 되는 방법 ❹ 디지털 외교관들과 네트워크를 만들어요 · 68

나도 외교관! 디지털 세상에서도 지켜야 할 예절이 있어요! · 72

4장 행복한 지구촌을 꿈꾸는 국제기구 이야기 · 74

국제기구가 뭐예요? · 76
국제연합이 국제기구의 대표예요? · 78
국제연합은 어떤 일을 해요? · 80
국제연합의 목표, 나도 실천할 수 있어요 · 82
주요 국제기구를 소개합니다 · 84
생생 인터뷰 국제백신연구소, 손미향 전 자원개발 마케팅 본부장 · 86
생생 인터뷰 유네스코 짐바브웨 하라레 사무소 · 88
생생 인터뷰 유니세프 짐바브웨 사무소, 미카엘라 홍보 전문가 · 90

5장

세계를 변화시키는 국제 활동가가 되고 싶어요! · 92

국제기구 전문가들은 어떤 일을 해요? · 94
국제기구에서 일하는 한국 사람이 별로 없다면서요? · 98
국제기구 직원이 되려면 어떻게 해야 해요? · 100
모의 유엔 회의에 참가해요 · 104
미국 대통령을 인터뷰한 초등학생이 있다고요? · 106
나도 외교관! 실전! 모의 유엔 회의 참가 · 108
나도 외교관! 모의 유엔 회의 필수 영어 표현 · 110

6장

국제 무대에서 우리나라를 빛낸 영웅들 이야기 · 112

프랑스에서 문화유산을 되찾아 온 집념의 외교관, 박병선 박사 · 114
인류를 질병에서 구한 작은 거인, 이종욱 전 세계보건기구 사무총장 · 116
아프리카를 구한 대한민국의 영웅, 이태석 신부 · 118
세계 평화를 위한 정의에 앞장서는 송상현 국제형사재판소장 · 120
회원국의 만장일치로 연임에 성공한 반기문 국제연합 사무총장 · 122
개발 도상국의 경제 성장을 도와 세계를 변화시키는 김용 세계은행 총재 · 124
나도 외교관!
국제 무대에서 우리나라의 대표가 되려는 어린이들에게 · 126

7장

우리나라 역사 속 최고의 외교관 이야기 · 128

영토 상실의 위기를 영토 확장의 기회로 바꾼 뛰어난 외교 협상가, 서희 · 130
일본에 납치된 조선 사람을 구한 조선 최고의 외교관, 이예 · 132
5천 년 우리 외교 역사의 총사령관, 세종 대왕 · 134
우리 역사 최고의 장군이자 외교 전략가, 이순신 장군 · 138
우리 역사 속에서 찾을 수 있는 국제 전문가 · 142

8장

이제는 우리 모두가 국가 대표 외교관 · 144

대한민국의 이미지를 새로 만들어요 · 146

우리 역사에 관한 오류, 이렇게 대처해요 · 150

왜곡된 대한민국 역사 바로 알리기 ❶
외국의 세계 지도에 독도가 없어요! · 154

나도 외교관! 세계인에게 독도를 우리나라 땅이라고 알리는 방법 · 156

왜곡된 대한민국 역사 바로 알리기 ❷
우리나라 동쪽 바다는 일본해가 아닌 동해 · 158

생생 인터뷰 외교부, 장동희 전 국제 표기 명칭 대사 · 160

왜곡된 대한민국 역사 바로 알리기 ❸
동북공정, 한국 역사가 중국의 속국? · 162

왜곡된 대한민국 역사 바로 알리기 ❹
우리나라의 작은 섬, 이어도를 지켜요 · 164

왜곡된 대한민국 역사 바로 알리기 ❺
희망을 말하다! 일본군 위안부 할머니들을 위하여! · 168

우리나라 외교 대사에 도전해요 · 170

나도 외교관! 대한민국 대표 민간 외교관은 이런 마음 자세를 가져야 해요! · 172

나도 외교관! 어린이 외교관으로 활동할 수 있는 반크 · 174

사진 출처 · 176

찾아보기 · 177

1장
외교와 외교관 이야기

'외교'라는 단어를 생각하면 가장 먼저 무엇이 떠오르나요?
아마 외교관이 가장 먼저 떠오르는 친구가 많을 거예요.
간단히 말하면 외교는 나라와 나라 사이에 관계를 맺으며 이루어지는
대외적 활동을 가리켜요. 외교관은 이러한 외교를 담당하는 사람이고요.
외교가 무엇인지, 외교관이 어떤 일을 하는지, 대사는 누구이고 영사는 누구인지,
외교권이 왜 필요한지 등등 외교의 이모저모를 함께 알아보아요.

외교와 외교관 이야기

외교, 그게 뭐예요?

여러분, '외교'라는 단어를 생각하면 가장 먼저 무엇이 떠오르나요? 외교관 또는 대사관, 외국, 정상 회담 등등이 떠오른다고요? 혹은 텔레비전의 뉴스에만 등장하는 먼 이야기로 느껴진다고요?

사실 외교는 우리 생활과 아주 밀접한 관계가 있답니다.

먼저 외교의 뜻부터 알아볼게요. '외교(外交)'를 글자 그대로 뜻풀이 해 보면 '外(밖 외), 交(사귈 교)'예요. '밖과 사귄다.'라는 뜻이지요.

자, 다음 이야기를 읽으면 외교가 무엇인지 금방 이해가 될 거예요.

조선 시대에 광해군이라는 임금이 있었어요. 사납고 악한 임금인 폭군으로 불리지만, 외교 솜씨만큼은 무척 뛰어났다는 평가를 받는 임금이지요. 광해군 때 중국에 새로 생긴 후금이라는 나라가 명나라를 위협했어요. 명나라는 예전부터 조선과 가까이 지냈고, 임진왜란 때 조선을 도와

주기도 했어요. 이런 명나라에서 도움을 청해 오자 광해군은 고민에 빠졌어요. 명나라를 모른 척할 수도 없었지만 새로이 떠오르는 강한 나라 후금의 적이 되고 싶지도 않았거든요. 광해군은 명나라로 군대를 보내면서 장군에게 '강한 쪽을 따를 것'을 몰래 지시했어요. 그래서 조선 군대는 명나라 편에서 싸우는 척하다가 후금에게 항복했지요. 광해군의 현명한 외교 정책 덕분에 조선은 두 나라 어느 쪽에도 미움을 사지 않게 된 거예요.

이런 것이 바로 외교랍니다. 안으로는 나라를 안정시키고, 밖으로는 우리나라가 세계 여러 나라의 틈바구니 속에서 살아남아 발전해 나갈 수 있도록 여러가지 조건을 유리하게 만드는 것을 말하지요.

외교가 어쩐지 나와는 상관없는 일처럼 느껴진다고요? 그렇지 않아요. 우리가 해외여행을 할 때 필요한 여권을 만드는 일도, 인터넷상에서 사귄 외국 친구에게 우리나라의 이미지를 좋게 소개하는 일도 외교에 포함돼요. 즉, 외교는 나라와 나라 사이의 관계뿐만 아니라 나라 안에 사는 국민 한 사람 한 사람의 생활과도 관계 깊은 활동입니다.

외교라는 말은 어떻게 생겨났어요?

영어로 외교, 즉 diplomacy(디플로머시)는 그리스어 diplomas(디플로마)에서 유래되었어요. '접어 포개다.'라는 뜻이지요. 고대 로마 시대에 로마 백성들이 지방이나 외국을 여행할 때 가지고 다니던 통행권을 diplomas라고 불렀어요. 여기에는 외국 정부에서 로마 백성들의 안전을 보장하고 친절히 대해 주기를 바란다는 뜻이 담겨 있었지요. 이 통행권은 '접어 포개진' 모양의 금속판으로 되어 있었어요. 1645년부터 그 의미가 확대되어 공문서의 의미로 쓰이게 되었고, 18세기 후반부터 오늘날 외교의 뜻으로 diplomacy가 사용되기 시작했답니다.

외교와 외교관 이야기

외교권이 없으면 큰일 난다고요?

외교권은 한 나라가 외부 간섭 없이 다른 나라와 외교할 수 있는 권리예요. 외교권이 없으면 국제 사회에서 다른 나라와 관계를 맺을 수 없답니다. 따라서 국제 사회에 한 나라로서 존재할 수 없지요. 국제 사회에서 외교권은 한 나라와 그 국민의 생존에 밀접한 관련이 있어요.

그럼, 어느 나라든 외교를 할 수 있는 권리를 가지고 있을까요? 그렇지 않아요. 안타깝게도 우리나라는 지금으로부터 100여 년 전, 일본에게 강제로 외교권을 빼앗겨 일본의 식민지가 되었답니다. 일본은 1905년에 대한 제국의 외교권을 빼앗고 1910년에는 강제로 대한 제국을 식민지로 만들었어요. 그 뒤부터 대한 제국은 국제

사회에 의견을 밝힐 수도 없었고, 처한 사정을 세계에 알릴 수도 없었어요.

대한 제국의 황제 고종은 일본에게 강제로 외교권을 빼앗긴 억울한 사정을 알리기 위해, 비밀리에 네덜란드 헤이그 만국 평화 회의에 외교관을 파견했어요.

하지만 대한 제국의 외교관들은 외교권이 없어 45개국 대표가 참석한 평화 회의에 참석할 수 없었어요. 그래서 헤이그에서 기자 회견을 열고, 세계 언론에 억울한 사정을 호소했어요.

"우리는 이곳 헤이그에 있다는 법과 정의 그리고 평화의 신을 만날 수 있기를 기대하며 여기까지 왔습니다."

헤이그 특사의 활약을 보도한 외국 신문

고종 황제가 특사로 파견한 이준, 이상설, 이위종 (왼쪽부터)

하지만 국제 사회는 아무런 반응을 보이지 않았고, 이들의 호소는 역사의 뒤안길로 사라져 버렸지요. 당시 일본은 서양의 강대국인 영국과 동맹을 맺고 있었고, 미국도 일본의 대한 제국 지배를 묵인했어요. 그런 상황에서 대한 제국의 편에 설 나라가 있을 리 없었지요. 이후 일본은 35년간 우리나라를 강제로 식민 지배했어요. 이제 한 나라의 외교권이 얼마나 중요한지 느꼈지요?

저는 이런 생각을 해 보아요. 만약 100여 년 전 우리나라가 급변하는 국제 정세를 제대로 파악하고 군사력과 경제력을 키웠다면, 그래서 외교권을 빼앗기지 않았다면 우리 역사에 '일본의 식민지'라는 기록은 존재하지 않았을 거라고 말이에요.

외교와 외교관 이야기

외교부는 어떤 곳이에요?

외교부는 이름 그대로 한 나라의 외교를 맡아보는 국가 기관에 속한 행정 부서예요. 먼저 외교부의 구성에 대해 알아볼까요? 외교부에는 부서의 장인 장관 1명과 그 밑으로 차관 2명이 있어요. 그리고 외교부에 속한 기관으로는 외교 안보 연구원이 있고, 세계 각 나라에 대사관·총영사관·대표부 등을 두고 있지요. 우리가 흔히 말하는 외교관은 모두 외교부에 속해서 일해요. 그밖에 청년 해외 봉사단으로 널리 알려진 한국국제협력단(KOICA)과 해외 대학교에 한국학을 개설하고 한국 문화를 세계에 널리 소개하는 한국국제교류재단 등도 외교부에 딸린 단체랍니다.

자, 그럼 이번에는 외교부가 하는 일을 알아볼까요? 외교부는 외국과 관계를 맺는 외교 관계 수립, 외국의 대통령 등 귀한 손님이 올 때 예의를 갖추는 국가 의전, 경제적으로 어려운 나라를 돕는 국제 원조, 국제적으로 맺는 약속인 조약 및 국제 협정 체결 등 다양한 일을 해요.

이처럼 많은 외교부의 업무 중에서도, 21세기를 맞아 우리나라의 꿈을 성취하기 위해 외교부가 가장 중요하게 여기는 업무가 무엇인지 알아볼까요?

평화로운 한반도 통일을 추구해요

우리나라는 세계에서 유일하게 남과 북으로 나뉜 분단국가예요. 전쟁 없는 세계 평화를 위해 한반도 통일은 반드시 필요해요. 외교부는 한반

도 통일을 평화적으로 이루려면 여러 나라의 협조가 필요하다는 사실을 세계에 알리기 위해 많은 노력을 기울이고 있어요. 6자 회담을 성공적으로 열기 위한 노력이 대표적이지요. 6자 회담은 한반도 통일에 영향력이 큰 미국, 일본, 러시아, 중국과 한반도 통일의 당사자인 우리나라와 북한의 외교 책임자가 한자리에 모여 평화 통일을 위해 협의하는 국제적 회의를 말해요. 외교부는 6자 회담을 성공적으로 열어서 한반도에 전쟁이 일어나지 않게 하려고 애쓰고 있지요.

영사 콜센터는 365일, 24시간 열려 있어요. 외국에서 +800-2100-0404로 전화를 걸면 무료로 통화할 수 있답니다.

외국에서 우리나라 국민을 보호해요

외교부는 우리나라 국민이 외국에서 뜻밖의 사고를 당하거나 범죄의 대상이 되지 않도록 자국민의 안전과 보호를 위해 다양한 노력을 해요. 외국에서 도움이 필요할 때 전화할 수 있는 *영사 콜센터가 대표적이지요. 이러한 노력을 통해 지구촌 곳곳에 흩어져 있는 720만 명 해외 동포들의 마음을 하나로 모으는 것도 외교부의 중요한 업무예요.

문화 외교와 공공 외교를 추구해요

20세기에 세계를 움직인 강력한 나라는 군사력이 세거나 경제적으로 잘사는 나라였어요. 하지만 21세기는 창의력이 세계를 움직이는 시대예요. 창의력을 창출하는 가장 중요한 열쇠는 문화라고 할 수 있어요. 따라서 5천 년 우리 역사와 찬란한 문화를 전 세계에 제대로 알리는 문화 외교는 매우 중요해요.

또한 공공 외교는 문화 외교를 포함하는 보다 넓은 개념이에요. 각 나라의 외교부가 다른 나라의 일반 국민들을 대상으로 자국에 대한 호감을 높이기 위해 펼치는 외교 활동을 말하지요. 외교 정책 결정권을 가진 다른 나라의 외교관, 공무원, 정치인 등을 대상으로 하는 것이 아니라 일반 국민이 대상이라는 점에서 전통적 외교 활동과는 차이가 있어요. 21세기에는 이러한 공공 외교의 중요성이 갈수록 커지고 있지요. 그래서 다른 나라의 대중을 대상으로 우리나라 매력을 높이는 것이 외교 활동의 중요한 업무로 자리 잡았답니다.

2002년 새로 지어진 외교부 건물

그런데 외교부가 이렇게 거창한 일만 하는 것은 아니에요. 우리 생활과 밀접한 일도 하고 있답니다. 예를 들어 해외여행을 할 때 꼭 필요한 여권을 발급받으려면 '외교부 여권 안내'에서 안내를 받아야 해요. 또 해외여행 등으로 외국에 나가서 위험한 일을 당했을 때 도움을 청할 수 있는 영사관도 외교부 소속이지요.

여기서 퀴즈 하나! 외국 사람이 한국 사람으로 국적을 바꾸거나, 전쟁 또는 자연재해 등을 피해 한국으로 온 외국 난민의 경우 어느 행정 부서를 찾아가야 할까요? 외국과 관련 있는 일이니까 외교부로 가야 한다고요? 땡! 틀렸어요. 국적이나 난민과 관계된 일은 법무부라는 행정 부서에서 맡아본답니다. 그러니 이제 헷갈리지 마세요!

외교와 외교관 이야기

국가 의전이 외교 행사의 꽃이라고요?

흔히 외교 행사라고 하면 텔레비전에서 본, 비행기에서 내리는 외국 대통령이나 장관을 맞이하는 행사 모습을 떠올릴 거예요. 외국의 높은 사람이 우리나라를 방문하면 우리나라에서도 높은 사람이 맞이하러 나가지요. 이렇게 외국의 귀한 손님이 우리나라를 방문할 때 국가 차원에서 갖추는 예의를 '국가 의전'이라고 해요. 외교 행사에 꼭 필요한 예의범절로, 흔히 외교 행사의 꽃으로도 불려요.

의전은 영어로 protocol(프로토콜)이라고 해요. 나라와 나라 사이의 관계에서 가장 먼저 지켜야 하는 기본적인 예의인 외교 의례라는 뜻을 가지고 있답니다.

▶ **국가 의전에서 꼭 지켜야 할 5R**

Respect 존중
의전의 기본은 상대방과 상대 문화에 대한 존중과 배려예요.

Reciprocity 상호주의
내가 배려한 만큼 상대방에게 배려받기를 바라는 거예요. 상호 배려라고도 할 수 있어요.

Reflecting Culture 문화 반영
의전의 격식과 관행은 특정한 시대와 문화를 반영하므로, 시대의 변화와 흐름에 따라 적절히 변화할 수 있어야 해요.

Rank 서열
의전의 핵심이자 가장 기본이 되는 것으로, 참석자들 간의 서열을 정하는 것을 가리켜요.

Right 오른쪽
오른쪽이 좋은 자리라는 기본 원칙으로, 초대한 손님에게 오른쪽을 양보하는 것이 관례예요.

국가 의전

▶ 공항 영접 및 환영식

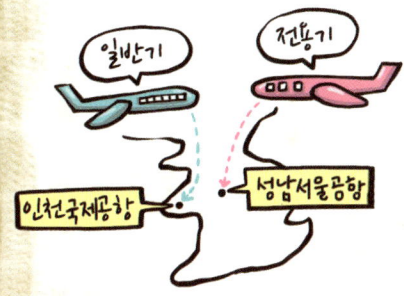

외국의 손님인 외빈이 이용하는 비행기가 전용기일 때는 성남서울공항, 일반 비행기일 때는 인천국제공항을 이용해요.

활주로에 붉은 양탄자를 깔고 예포를 쏘아요. 특별기가 도착하면 의전장과 주한 대사가 올라가 환영 인사를 해요.

외빈이 계단으로 내려오면 장차관급 우리 측 대표가 다시 환영 인사를 전해요.

▶ 외빈 접수 행사

우리나라 대통령이 외국의 국가 원수를 초대하는 행사가 가장 격이 높아요. 최고의 예우가 제공되고 대통령 경호실에서 직접 경호해요. 17대의 차량으로 외빈 차량을 호송하고, 교통을 통제해서 차량이 서는 일 없이 달릴 수 있도록 배려해요. 방문국의 국기와 태극기가 청와대 주변 도로에 게양되지요.

청와대에서 공식 환영식과 만찬을 개최해요. 모든 숙박비를 우리가 부담해요.

국가 의전을 이처럼 철저히 하는 이유는 외국 손님을 위해서가 아니라 우리나라의 외교 목적을 이루기 위해서랍니다.

1장 외교와 외교관 이야기

대사관은 어떤 곳인가요?

대사관과 영사관은 외교부에 속한 재외 공관이에요. 재외 공관이란 외교부가 관련 일을 처리하기 위해 외국에 설치하는 기관을 말하지요. 대사관과 영사관 외에 대표부도 재외 공관에 포함돼요.

외국에 가장 처음 설치된 재외 공관은 1949년에 일본에 설치된 대한민국 대표부와 미국에 설치된 국제연합 대한민국 대표부예요. 1950년대까지 우리나라의 재외 공관은 14개 정도였어요. 당시에는 한국 전쟁으로 나라가 어려워 재외 공관을 많이 설치할 수 없었거든요. 하지만 2012년 기준으로 우리나라의 재외 공관 수는 158개에 달해요. 많이 늘었죠?

외국에서 우리나라를 대표하는 작은 정부, 대사관

국교란 나라와 나라 사이에 맺는 외교 관계를 말해요.

우리나라는 전 세계 193개 국가 중 북한, 쿠바, 코소보, 마케도니아, 시리아를 제외한 189개 국가와 정식 *국교를 맺고 있고, 이 가운데 113개 국가에 대사관을 설치했어요. 대사관은 우리나라와 국교를 맺고 있는 국가에서 우리 정부를 대신해 정치, 경제, 사회, 문화 등 모든 분야에서 외교 업무를 대신 수행하는 작은 정부예요. 한국 대사관은 국제법에 따라 한국 정부와 똑같은 대우를 받아요. 즉, 다른 나라의 영토 안에 있으면서도 그 나라의 법을 적용받지 않는 권리인 '치외법권'이 있어서, 한국 대사관의 동의 없이 외부 사람이 대사관에 들어올 수 없어요. 또 그 나라에 세금도 내지 않지요.

외국에서 도움을 청할 때 가장 먼저 찾는 곳, 영사관

대사관이 외국에서 한국 정부를 대신해서 일하는 작은 정부라면, 영사관은 외국에 나가 있는 우리 국민들을 보호하는 일을 주로 맡고 있어요. 자국민 보호는 영사관 업무 중 가장 중요한 일이에요. 예를 들어 우리나라 사람이 외국에서 여행하다가 교통사고를 당해 병원에 입원하게 되었다면, 병원에서는 가까운 한국 영사관에 연락을 하지요. 그러면 영사관에서는 환자의 신원 확인과 보호를 위해 재빨리 조치를 취해요.

대사관과 영사관에서는 어떤 사람들이 일할까요?

대사관을 대표하는 대사와 영사관을 대표하는 총영사 중 누가 더 높은 직급일까요? 여기에 얽힌 재미있는 이야기를 하나 소개할게요. 미국에서 한국 사람 모임인 한인회가 큰 행사를 열면서 한국 대사관의 외교관들을 초대했다고 해요. 워낙 중요한 행사라 대사와 총영사가 같이 참석했지요. 사회자는 참

석한 외교관 중에 가장 높은 사람에게 축사를 부탁해야 했어요. 그런데 대사와 총영사 중 누가 외교 서열상 높은지 몰라서 업무를 총괄한다는 의미의 '총' 자가 붙은 총영사에게 축사를 부탁했다고 해요. 국제연합 사무총장처럼 '총'이란 말이 붙으면 높은 지위인 줄 알았던 거예요. 총영사는 어쩔 수 없이 축사를 하면서 자신보다 서열이 높은 대사를 앞에 두고 당황해서 쩔쩔맸다고 해요.

대사관에서는 대사관을 대표하는 대사, 공사, 1~3급 서기관 등이 일을 하고, 영사관에서는 총영사, 부총영사, 영사 등이 일을 하지요. 직급상으로는 대사가 가장 높고 총영사는 공사급, 영사는 외교관 급에 해당해요.

또 흔히 대사관에는 외교관만 일하고 있다고 생각하는데 그렇지 않아요. 본국의 교육부, 문화부, 경찰청, 국방부, 법무부 등에서 파견된 공무원들이 외교관들과 함께 일하고 있답니다.

대사관은 한 곳에만, 영사관은 여러 곳에

외국에서 대사관은 나라를 대표하고 대사는 대통령을 대신한다고 볼 수 있으므로, 한 나라에서 한 곳에만 설치되어 있어요. 반면에 영사관은 주로 우리 교민을 보호하고 비자나 여권을 발급하는 일을 해요. 따라서 교민이 많이 사는 지역이라면 수도뿐만 아니라 지방 도시 등 필요에 따라 여러 곳에 설치할 수 있어요.

일본 내 한국 대사관과 영사관

모든 수교국에 대사관을 설치하지 않는 이유

우리나라가 국교를 맺은 모든 나라에 대사관을 설치하지 않는 이유는 경제, 정치, 외교 등 다양한 이유 때문이에요. 외국에 외교관과 공무원을 파견하는 데는 많은 비용이 들어요. 또 전쟁 등으로 위험한 일부 나라에는 대사관을 설치하기 힘들지요. 이런 이유로 모든 수교국에 대사관을 설치하지 않는 거예요. 그래서 몇몇 나라의 경우 한 곳의 한국 대사관이 가까운 나라의 업무까지 함께 맡는답니다. 예를 들면 폴란드 대사관은 라트비아까지, 노르웨이 대사관은 아이슬란드까지 맡고 있지요.

헝가리 부다페스트에 있는 한국 대사관

외교와 외교관 이야기

외교관은 어떤 일을 해요?

외교관은 나라를 대표해서 외국에 파견되어 자국, 즉 자기 나라를 위한 여러 가지 일을 하는 사람을 말해요.

나라를 대표해서 회담을 하거나 조약을 체결하러 가는 외교 사절의 대장 격인 대사나 공사, 영사 뿐만 아니라, 이들을 곁에서 도와주는 직원들까지 모두 외교관에 포함된답니다.

자, 그럼 외교관이 어떤 일을 하는지 알아볼까요?

주재국의 중요한 정보를 수집해요

외교관이 하는 일 중 가장 기본적인 것은 바로 주재국의 정치, 경제, 사회, 문화, 국방에 관한 정보 수집이에요. 주재국은 외교관이 파견되어 머무는 나라를 말해요.

외교관은 대통령의 정상 회담과 같은 큰 외교적 일 외에도 그 나라에서 일어나는 정치, 경제, 사회, 문화 등의 정보를 모아 정리해서 자국에 알려요.

그 나라 국회에서 자국과의 무역에 관련된 중요한 법안이 진행되거나, 자국의 안보에 영향을 끼칠 만한 내용이 논의되면 바로 정부에 보고해서 외교적으로 대응할 수 있도록 해야 하기 때문이에요.

세계에 자국 문화를 알리고 문화 협력 관계를 높여요

외교관들은 세계 여러 나라에 자국 문화를 알려 그 나라 사람들이 자국에 호감을 느낄 수 있도록 다양하고 창의적인 아이디어를 제시할 수 있어야 해요.

더불어 이를 실행할 수 있는 폭넓은 인맥과 추진력도 있어야 하지요. 예를 들어 외국의 방송국에서 자국 관련 특집 프로그램을 만들거나 외국의 유명 박물관에서 자국 관련 전시관을 개설할 경우, 외교관은 자국 문화를 알리기 위해 협조를 아끼지 않아요.

또 자국의 음식을 소개하는 것도 외교관으로서 자국 문화를 세계에 알리는 중요한 방법이에요. 특히 대사관에서 개최하는 만찬은 자국 음식을 그 나라의 정치인, 경제인, 문화인에게 알릴 수 있는 최고의 기회이지요. 저 또한 반크 단장으로서 외국의 한국 대사관에서 열린 한국 음식 만찬에 참가한 적이 있어요. 그때 저는 "한국 음식은 발효 식품이 많으며 그중에서도 김치는 세계의 건강식으로 선정됐다."라는 내용으로 우리나라 음식에 대해 설명했어요. 그 설명을 듣고 우리 선조들의 지혜에 감탄하며 우리나라 음식에 호기심을 가지던 외국인들의 표정이 지금도 생생하답니다.

재외 국민을 보호하고 상대 나라와 협상해요

외국에서 우리 국민을 보호하는 일 또한 외교관의 중요 업무에 속해요. 전 세계 곳곳에 흩어져 살고 있는 재외 국민을 대상으로 벌어지는 납치, 테러, 강도 사건에 대응하는 일도 외교관의 업무 가운데 하나이지요.

자국민의 불편을 없애거나 상대 나라 정부와 자국에 도움이 되는 결과를 이끌어 내기 위해 협상을 벌이는 일도 외교관의 중요한 업무예요.

예를 들어 볼까요? 2008년 10월부터 우리나라 사람은 최대 90일까지 비자 없이 미국에 갈 수 있게 되었어요. 비자는 외국인에게 자기 나라에

입국하는 것을 허가하는 증명이에요. 이전까지 우리나라 사람이 여행이나 사업을 하기 위해 미국에 가려면 반드시 미국 대사관에 비자를 신청해야 했는데, 이 과정이 무척 힘들었어요. 길게 줄을 서야 하는 것은 물론, 비자를 받을 수 있는 조건이 무척 까다로웠거든요. 현재 미국 비자 면제 국가는 전 세계를 통틀어 35개국이에요. 우리나라가 그 안에 포함되게 된 데는 끈질기게 비자 면제 협상을 벌인 외교부의 노력이 큰 역할을 했답니다.

외교부의 활동에서 경제 지원 활동도 빼놓을 수 없어요

2013년 정부 조직이 개편되기 전까지 외교부의 이름은 외교통상부였어요. 통상이란 나라들 사이에 서로 물품을 사고파는 것을 말하지요. 그런데 이름에서 통상이 빠졌으니 이제 외교부에서는 경제 지원 활동을 전혀 하지 않느냐고요? 그렇지 않아요. 외교부에서는 여전히 우리 기업의 경제 무역 활동을 지원한답니다. 통상 협상은 산업부에서 맡아 하게 되었지만, 외교부에서는 경제·통상·무역과 관련된 정보를 수집하고 우리 기업의 해외 진출을 지원해요. 또한 통상과 관련해서 분쟁이 일어나면 이를 해결하는 일도 여전히 외교부의 일이지요. 이 밖에도 투자 환경 개선, 해외 일자리 창출, 자원 개발 등 그동안 우리 재외 공관이 해 오던 경제 외교 업무는 지금도 외교부에서 맡아 하고 있답니다. 외교부에 속한 외교관들은 외교와 경제라는 두 마리 토끼를 잡기 위해 오늘도 세계 곳곳에서 열심히 활동하고 있어요.

외교와 외교관 이야기

외교관이 되려면 어떻게 해야 해요?

　예전에는 외교관이 되려면 외무고시라는 시험에 합격해야만 했어요. 그러나 2013년부터는 국립외교원에서 운영하는 외교아카데미를 통해 외교관이 될 수 있지요. 외교아카데미의 교육 과정은 1년 3학기로 이루어져 있어요. 외교아카데미에 들어가려면 외교관 후보자 선발 시험에 합격해야 해요. 만 20살 이상이면 누구나 지원할 수 있지요. 그리고 지역 정세 및 특정 전문 분야(에너지, 국제 통상 등)에 전문 자격을 가진 외교관이 필요할 경우에는 특별 채용을 통해 외교관이 될 수도 있어요.

　자 그럼, 외교관이 되고 싶은 어린이들은 지금부터 무엇을 어떻게 준비하면 좋을까요? 외교관이 꿈인 어린이들에게 도움을 주는 곳을 소개할게요. 바로 외교부가 운영하는 '어린이 외교관 학교'랍니다. '어린이 외교관 학교'의 교육은 매주 토요일 서울 양재동에 있는 외교사료관에서 총 4주간 이루어져요. 첫째 주부터 셋째 주까지는 '근·현대 한국외교사' 수업을 듣고, 마지막 주에는 현직 외교관들과 대화하며 평소에 가졌던 궁금증을 풀 수도 있지요.

　외교사료관에서는 외교와 관련된 사진·문서·기념품 등이 전시되어 있는 외교사 전시실도 운영하고 있으니 견학해 보는 것도 좋을 거예요.

　그리고 사이버외교사절단 반크에서도 '어린이 사이버 외교관 양성 학교'를 운영하고 있답니다. 외국 친구들과 이메일을 주고받으며 국제 기관에 협력, 교류 서한을 보내는 활동을 할 수 있어요.

어린이 외교관 학교

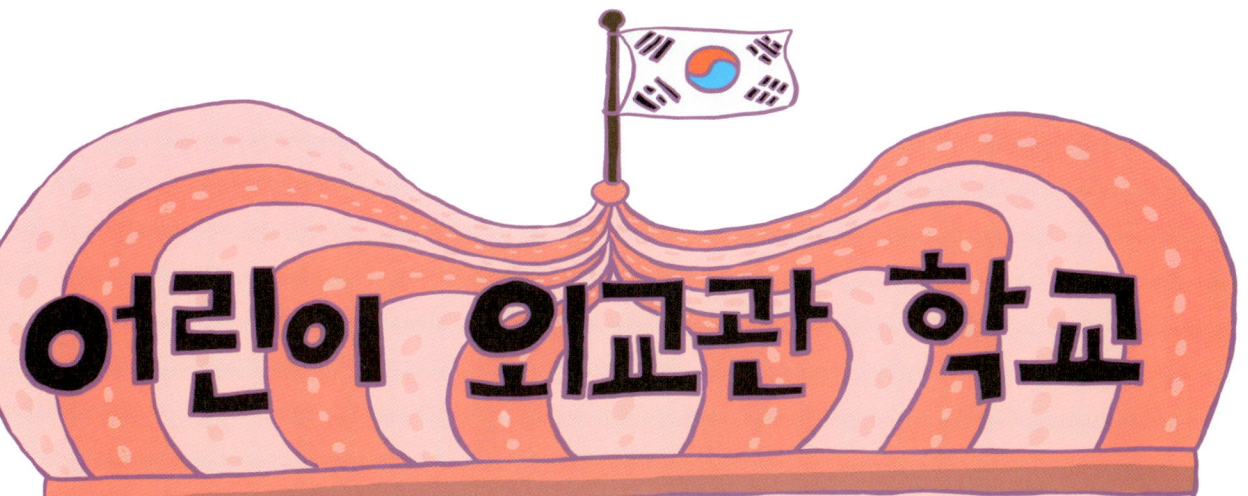

외교사료관 | 어린이 외교관 학교 수업

우리 외교 역사의 흐름이 한눈에 파악되지요?
네!
질문 있어요!

외교관에 대해 궁금한 것이 있으면 물어보세요.
외교관이 되려면 어떻게 해야 돼요?

2장
외교관이 들려주는 생생한 외교 이야기

우리나라가 경제 개발이 뒤처진 개발 도상국을 도와주었다든지,
미국과 안보 회의를 열었다든지 하는 내용을 신문이나 뉴스에서 본 적이 있을 거예요.
모두 외교와 관계있는 내용들이지요. 해외에 사는 국민을 위한 영사 외교,
국가 위상을 높이는 문화 외교, 세계에서 하나뿐인 분단국가의 안보 및 통일 외교,
국제 개발 협력을 통한 나눔 외교, 아프리카를 감동시키는 가랑비 외교까지
외교의 형태는 무척 다양해요.

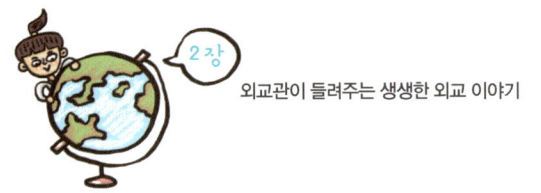

우리 국민을 지켜 주는 영사 외교

"해외여행 중 위급한 일이 생기면 외교부 영사 콜센터로 전화하세요!"

우리나라를 떠나 외국에 도착하면 휴대 전화로 위와 같은 문자를 받게 되지요. 이 문자는 외교부에서 해외로 출국하는 한국인들에게 휴대 전화로 알리는 자동 문자 메시지예요. 해마다 해외에 나가는 한국인의 수는 1천만 명이 넘어요. 따라서 재외 국민 보호를 위한 영사 외교 활동은 갈

다양한 영사 외교 활동

여권을 잃어버렸을 때 다시 발급해 주어요.

앗, 여권이 없어졌어!

한국 영사관에 가서 다시 발급받아.

운전면허 상호 인정 협정을 맺어요.

한국의 운전면허증을 이집트에서도 사용할 수 있네.

수록 중요해지고 있답니다.

 외국에서 재외 국민을 보호하고 돕는 일을 하는 외교관을 영사라고 해요. 영사는 재외 국민들이 겪는 어려움이 무엇인지 알아보고, 그들이 한국인임을 자랑스럽게 여길 수 있도록 발전하는 한국의 소식과 최신 정보를 알려 주지요.

 또한 자연재해가 일어나면 긴급히 알려 피해를 막는 일도 해요. 또한 해외여행을 하는 한국인들이 보다 편리하게 여행할 수 있도록 돕는 다양한 활동을 한답니다.

우리나라를 알리는 문화 외교

최근 저는 국내에 머무는 다른 나라의 외교관들을 대상으로 우리나라의 경제, 정치, 문화, 역사에 대해 강의를 했어요. 이는 문화 외교의 하나로, 전 세계 각 나라를 대표해 우리나라에서 외교 활동을 하는 주한 외교관들에게 한국을 제대로 소개하기 위한 것이었지요.

강연장에 도착하니 우리나라에 외교관으로 막 부임한 신입 외교관과 대사, 대사 부인 들이 강당에 가득 차 있었어요. 강의는 우리나라의 정치, 경제, 문화 등의 다양한 주제로 이루어졌는데, 주한 외교관들이 가장 관심을 가진 주제는 문화였어요. 외교관들은 그중에서도 특히 한식이 건강식으로 유명한 지중해 음식 못지않다는 점을 무척 흥미로워했지요. 우리 외교부에서는 주한 외교관을 대상으로 우리나라의 전통 놀이와 음식, 관광지 탐방 등과 같은 문화 외교 활동을 강화해 나갈 거라고 해요.

20세기에는 군사력이나 경제력으로 그 나라의 외교력을 평가했어요. 강한 군사력을 가지고 있거나 경제적으로 부유하면 국제 사회에서 다른 나라를 움직일 수 있었지요. 이렇게 군사력, 경제력으로 외교력을 발휘하는 것을 '하드 파워'라고 해요. 하지만 오늘날은 문화의 힘으로 세계를 움직일 수 있는 외교력이 필요하지요. 이렇게 문화 외교가 힘을 발휘하는 것을 '소프트 파워'라고 해요. 경제적, 군사적 힘만을 앞세우면 주변에서 싫어하지만, 문화적 힘을 앞세우면 주변에 반감을 사지 않고 전 세계에 영향력을 키워 나갈 수 있답니다.

20세기에는 소련(지금의 러시아)처럼 군사력이 강한 나라가 큰소리를 쳤어요.

일본처럼 돈이 많은 나라도 경제력을 앞세워 다른 나라를 움직일 수 있었지요.

하지만 21세기에는 문학, 음악, 춤 등 문화의 힘이 강한 나라가 세계를 움직인답니다.

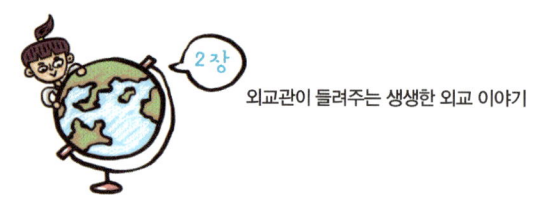

2장 외교관이 들려주는 생생한 외교 이야기

세계에서 하나뿐인 분단국가의 안보 및 통일 외교

최근 외국 친구와 인터넷으로 소식을 주고받는 한 학생이 제게 이메일로 상담을 요청해 왔어요. 미국 친구가 뉴스를 보니 한국에 전쟁이 날 것 같다면서 심각하게 자신의 안부를 묻는데, 이 친구에게 어떻게 말해 주어야 할지 모르겠다는 것이었어요.

제가 활동하고 있는 반크의 어린이와 청소년도 외국 친구들과 메일을 주고받을 때 이런 질문을 자주 받아요.

"한국은 북한과 전쟁할 준비를 하느라 힘들지 않니?"

"한국은 안전하지 않다던데, 한국에 여행 가기가 두려워."

우리는 우리나라가 위험하다고 생각하지 않지만, 막상 세계에서는 한국을 위험한 나라라고 생각하는 경우가 많아요. 그 이유는 세계 여러 나라의 신문과 방송에서 한국에 언제 전쟁이 날지 모른다는 내용이 계속 나오기 때문이에요. 그렇기 때문에 우리는 북한과 하루빨리 통일을 이루고, 국제 사회에 한국이 안전한 나라라는 이미지를 심어야 해요.

안보 및 통일 외교는 한국에 대한 위협 요인을 막고 국제 사회에 한국이 평화로운 나라라는 이미지를 심는 활동을 가리켜요. 만약 한반도에 전쟁이 일어나면 제1차, 제2차 세계 대전처럼 세계 전쟁으로 확대될 수도 있어요. 따라서 한반도 통일은 미국, 중국, 러시아, 일본은 물론 전 세계의 협력과 지지가 필요한 세계적인 안보 문제이기도 해요.

　이런 이유로 외교부는 미국, 중국, 러시아, 일본 등 주요 국가의 국민들을 대상으로 한반도의 평화 통일이 왜 필요한지 설득하고, 이와 동시에 국제적 통일 지지 기반을 강화하는 활동을 펼치고 있어요.

　우리가 통일 한국을 만들려는 이유는 아시아를 하나로 만들어 미래를 준비하고, 더는 전쟁과 빈곤이 발생하지 않는 지구촌을 만들어 나가는 데 있다고 알리고 있지요. 그리고 한반도가 통일되면 중국과 일본의 충돌을 조정해, 동북아의 평화와 번영을 이루는 데 도움이 될 것이라는 점도 널리 홍보하고 있답니다.

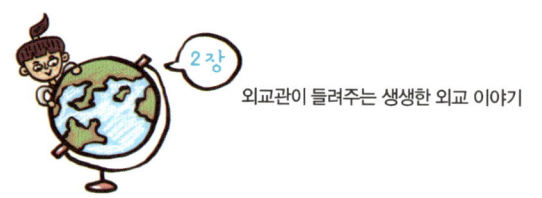

2장 외교관이 들려주는 생생한 외교 이야기

다른 나라를 돕는 나눔 외교

아프리카 대륙의 에티오피아라는 나라는 국민 대부분이 빈곤과 질병에 시달리고 있어요. 그런데 60여 년 전 우리나라가 힘들 때 에티오피아가 우리를 도와주었다는 사실을 알고 있나요?

당시 우리나라보다 경제적으로 잘살았던 에티오피아는 한국 전쟁 중이던 1951년, 약 6천 명의 군인을 파견해 우리를 도와주었어요.

그런 에티오피아가 지금 경제적 어려움에 처해 있어요. 그래서 우리나라도 에티오피아를 돕기 위해 '무상 원조 협정'을 체결하는 등 여러 가지로 애쓰고 있지요.

이렇게 한 나라가 경제 개발이 뒤처진 개발 도상국을 돕는 활동을 '국제 개발 협력'이라고 해요. 국제 개발 협력은 아프리카와 아시아, 라틴아메리카의 개발 도상국들에

국제 사회의 도움을 받던 나라가 60년 만에 다른 나라를 도울 만큼 성장한 사례는 우리나라가 유일하다고 해요.

1950년대 → 오늘날

서 빈곤을 없애고 이들의 경제적, 사회적 발전을 돕기 위한 모든 지원 활동을 말해요.

우리가 왜 다른 나라를 도와야 하느냐고 묻는 친구들도 있을 거예요.

한국 전쟁 후 절대 빈곤 국가였던 우리나라가 오늘날처럼 성장하기까지는 국제 사회의 많은 도움이 있었어요. 이제 우리나라에게도 국제 사회의 도움에 보답할 책임이 있답니다.

또한 아직도 세계에는 무려 10억 명 이상의 사람들이 빈곤과 재해로 고통받고 있어요. 같은 지구촌 시민으로서 우리가 그들을 돕는 것은 당연한 일이에요. 오늘날 세계는 나날이 가까워지고 있어요. 한 나라의 전쟁, 기후 문제, 환경 문제, 감염병, 금융 위기 같은 문제는 곧 다른 나라로 퍼지고 세계의 문제가 되지요. 개발 도상국들이 처한 어려움도 언제든 우리에게까지 영향을 미칠 수 있어요. 그래서 지구촌이 함께 이런 공동의 문제를 해결하기 위해 서로 돕는 거랍니다. 이런 문제를 해결하지 않고는 그 어떤 나라도 발전할 수 없으니까요.

공적 개발 원조(ODA)

공적 개발 원조는 각 나라 정부가 산업과 경제 개발이 뒤처진 개발 도상국들의 경제 개발을 돕기 위해 국제기구에 제공하는 자금을 가리켜요. 개발 도상국에 자금을 직접 제공하지 않고 이를 보다 합리적으로 분배할 수 있도록 국제기구에 자금을 전달하는 것이지요. 이렇게 모인 기금은 국제기구 전문가의 손을 거쳐 효율적으로 개발 도상국들에게 전달된답니다.

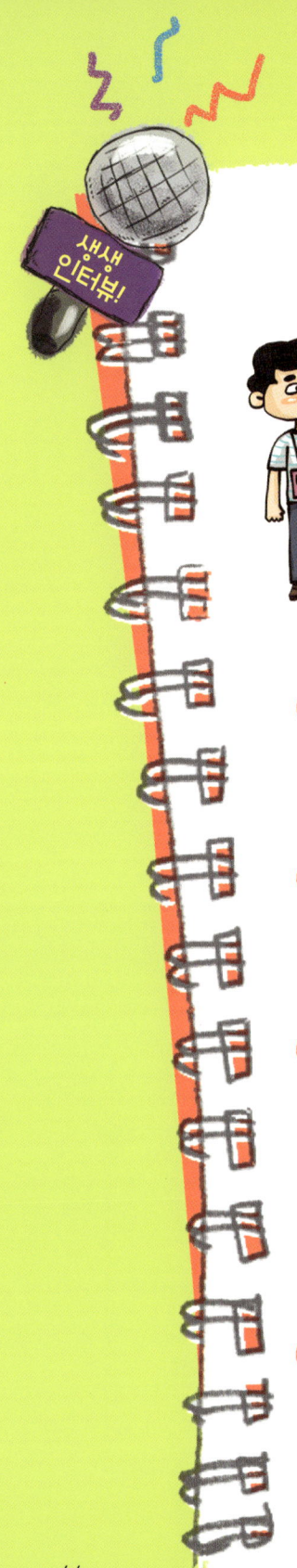

생생 인터뷰!

한국국제협력단
박대원 전 이사장

Q 한국국제협력단에 대해 소개해 주세요.
한국국제협력단(KOICA)은 우리나라의 국제 개발 협력과 공적 개발 원조를 총괄하는 외교부 산하 국제 협력 재단이에요.

Q 우리나라의 국제 개발 협력 현황은 어떤가요?
2012년 기준으로 우리나라는 세계 빈곤 퇴치와 경제적으로 어려운 나라의 경제, 사회 발전을 위해 1년에 약 5천억 원을 쓰고 있어요.

Q 5천억 원이면 많이 도와주는 것 아닌가요?
그렇지 않아요. 각 나라마다 자국의 경제 규모에 비례해 다른 나라를 돕는데, 우리나라는 거의 꼴찌에 가깝거든요. 세계 10위권 경제 대국이라고 국제 사회에 자랑하는 한국이지만, 원조 규모는 원조 지원을 하는 24개 선진국 중 24위에 그치고 있어요. 앞으로 우리나라의 경제 규모에 걸맞게 원조 금액을 높여 나가야 할 거예요.

Q 우리나라에도 가난한 사람들이 많은데 왜 다른 나라를 도와주어야 하죠?
1950년대에 우리나라가 세계에서 가장 가난한 나라였을 때를 생각해 보세요. 만약 선진국들이 자기네 나라에도 어려운 사람들이 많은데 왜 한국을 도와주어야 하느냐며 외면했다면 오늘날 우리나라는 어떻게 되었을까요? 어떤 나라든지 자국민 모두가 잘살게 된 뒤에야 어려운 나라를 돕겠다고 한다면 그 나라는 결코 남을 도울 수 없어요. 또한 자기만 잘살기 위해 노력한다면 아무리 선진국이라고 해도 결코 존경받을 수 없답니다.

Q 어려운 나라를 도와주면 어떤 점이 좋은가요?

어려운 나라를 돕는 것은 우리나라가 글로벌 리더 국가가 되는 데 도움이 되지요. 특히 최근에 우리나라가 도움을 주고 있는 남아메리카와 아프리카, 아시아의 나라들에서 한국에 대한 호감도가 높아져 현지의 우리 기업들에게 큰 도움이 되고 있어요.

Q 마지막으로 한국국제협력단의 꿈은 무엇인가요?

한국국제협력단, 즉 코이카의 꿈은 코이카가 사라지는 것이랍니다. 세계의 모든 어려운 나라가 빈곤을 극복해서 코이카가 할 일이 없어지길 바라는 것이지요. 그만큼 지구촌 모두가 평화롭게 잘살 수 있도록 만드는 것이 코이카의 꿈이에요.

캄보디아에서 집 짓는 봉사를 하는 한국국제협력단 단원들

우리 캄보디아를 도와주니, 이왕이면 한국 제품을 사겠어요.

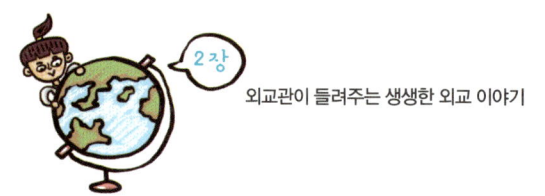

2장 외교관이 들려주는 생생한 외교 이야기

아프리카를 감동시키는 가랑비 외교

　엄청난 에너지 자원을 가진 아프리카는 우리나라처럼 에너지의 대부분을 외국에서 수입하는 국가에게 무척 중요한 곳이에요. 풍부한 천연 자원 때문에 선진국 대통령들이 앞 다투어 방문해서 외교를 펼치지요.

　제가 아프리카의 짐바브웨에 갔을 때 겪은 일이에요. 차를 타고 가던 저는 깜짝 놀랐어요. 허허벌판 한가운데 갑자기 거대한 경기장이 등장했거든요. 저는 옆에 있던 안내원에게 경제적으로 어려운 짐바브웨에서 어떻게 저런 거대한 경기장을 만들었는지 물어보았어요.

　"좌석이 6만 석이나 되는 저 경기장을 짓는 데 총 공사비가 1천만 달러나 들었다고 해요. 그런데 그 돈을 모두 중국 정부에서 댔답니다."

　아프리카의 자원을 탐내는 중국은 스포츠를 좋아하는 아프리카 국가들에게 커다란 경기장과 관공서 건물을 공짜로 지어 주고 있다고 해요. 그래서 중국의 아프리카 외교 전략을 '경기장 외교'라고도 한답니다.

　그러면 규모와 자본에서 밀리는 우리나라는 어떻게 대응해야 할까요? 먼저 우리나라가 아프리카를 돕는 방법은 중국의 경제 투자와는 다르다는 것을 알려 주어야 해요. 그리고 아프리카를 존중하며 함께 꿈을 키워 나가는 모습을 보여 주어야 해요. 우리나라는 기술 이전이나 문화 활동 등을 통해 가랑비에 옷 젖듯, 아프리카 사람들에게 꾸준히 다가서는 외교를 펼치고 있어요. 이것이 바로 중국의 경기장 외교에 맞서 아프리카 사람들의 마음을 움직이는 한국의 가랑비 외교랍니다.

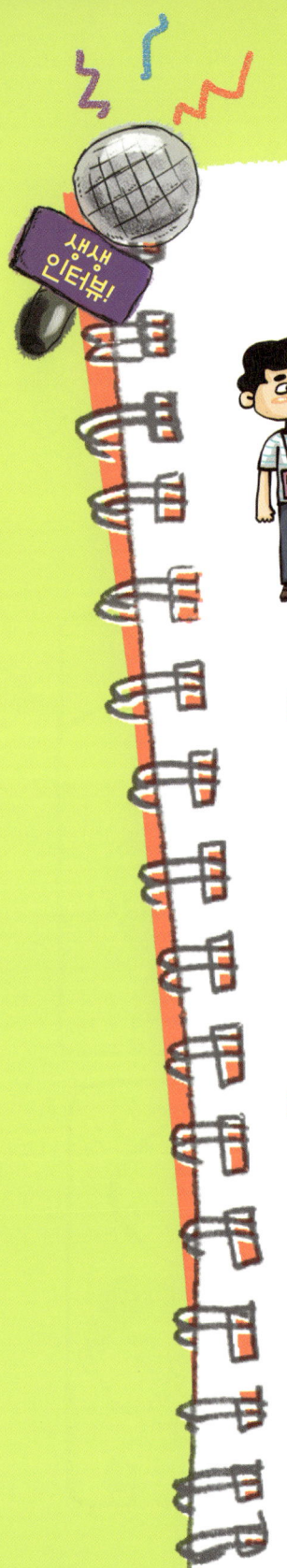

아프리카 짐바브웨
류광철 대사

Q 중국의 경기장 외교에 우리나라는 어떻게 대응해야 할까요?

비록 중국만큼 아프리카에 경제적으로 막대하게 투자할 수는 없지만, 우리나라는 아프리카의 모든 사람들을 감동시킬 수 있는 기적 같은 경제 발전 스토리를 가진 나라예요. 그런 만큼 우리는 아프리카 사람들에게 기술을 가르쳐 주어 자립할 수 있는 힘을 키워 주는 전략을 택하고 있지요. 또한 아프리카에 진출한 한국 기업들은 현지 사람들을 고용해서 아프리카 공무원들에게 좋은 인상을 주고 있어요. 가랑비에 옷 젖듯이 서서히 진정성 있게 아프리카 사람들을 감동시키는 것이지요.

Q 아프리카에 대해 잘 알려지지 않은 것이 있다면요?

더는 아프리카를 빈곤, 가난, 난민, 분쟁의 나라로 생각하면 안 됩니다. 아프리카는 우리가 생각하는 것 이상으로 위대한 나라예요.
첫째로, 아프리카 대륙은 거대해요. 아프리카는 전 세계 육지 면적의 약 5분의 1에 해당하며 아시아에 이어 두 번째로 크지요. 둘째로, 아프리카는 엄청난 인구를 가지고 있어요. 53개국이 어우러진 아프리카 대륙의 인구는 10억 명으로 전 세계 인구의 약 7분의 1에 달하며 이 또한 아시아에 이어 두 번째이지요. 셋째로, 아프리카는 풍부한 천연 자원을 가지고 있어요. 2010년 기준으로 세계 원유 생산량(매장량)의 12.3%(9.5%), 가스 생산량(매장량)의 6.5%(7.9%)를 차

지할 만큼 풍부한 자원을 가지고 있지요. 넷째로, 아프리카는 젊은 대륙이에요. 24세 미만 젊은 층의 비중이 60.1%나 되거든요. 마지막으로, 아프리카는 폭발적인 경제 성장을 이루고 있어요. 국내외 경제 전문가들은 2030년에는 아프리카가 오늘날의 유럽이나 미국과 같은 수준, 아니 그 이상의 수준으로 발전할 거라고 전망한답니다.

Q 외교관을 꿈꾸는 어린이들에게 한마디 들려주세요.

외교관이 되고 싶은 어린이라면 아프리카와 함께 지구촌을 변화시키려는 위대한 꿈을 꾸어야 해요. 아프리카의 어린이들과 인터넷과 오프라인상에서 더 많은 교류를 할 수 있도록 노력해 보세요. 함께 꿈과 우정을 나누고, 한국과 아프리카 모두가 발전하며 세계 평화에 기여할 방법을 찾아보면 더욱 좋겠지요. 이 모든 과정이 여러분이 세계적인 외교관으로 성장하는 데 디딤돌이 될 거예요.

가랑비 외교의 한 예인 반크의 짐바브웨 문화 활동

3장
세상을 바꾸는 디지털 외교 이야기

페이스북과 트위터는 인터넷상에서 서로 소식을 주고받을 수 있는
소셜 네트워크 서비스(SNS)의 대표예요.
이들의 등장으로 전 세계에는 큰 변화가 시작되었어요.
누구나 자신의 생각을 순식간에 전 세계의 수많은 사람에게
전달할 수 있게 된 것은 물론, 독재 국가에서 SNS의 힘을 빌려
독재자를 쫓아낸 경우도 있었답니다.
이러한 변화는 외교에도 큰 변화를 가져왔어요.
소셜 네트워크의 발달로 누구나 디지털 외교관이 될 수 있는 길이 열린 거예요!

세상을 바꾸는 디지털 외교 이야기

디지털 외교가 뭐예요?

현재 전 세계 인구의 5명 중 1명이 트위터, 페이스북 등의 SNS를 이용해서 실시간으로 다른 나라 사람과 대화하고 있어요. 이처럼 세계는 SNS로 빠르게 연결되고 있지요. SNS란 소셜 네트워크 서비스(Social Network Service)를 줄인 말로, 인터넷상에서 서로 소식을 주고받을 수 있는 서비스예요. SNS가 생기면서부터 나라와 나라 사이의 경계가 사라지고 있고, 각 나라 외교부는 외교 활동에 SNS를 활발히 이용하고 있어요.

실제로 주요 외교 강국에서는 트위터, 페이스북 등 SNS를 활용해 전 세계 사람들에게 직접 자기 나라의 외교 정책을 알리고 있지요.

이처럼 인터넷과 SNS를 통해 사이버상에서 벌이는 외교를 디지털 외교라고 해요. 디지털 외교에 가장 열심인 나라는 미국이에요. 미국 대통령 또한 전 세계 네티즌의 의견에 주의 깊게 귀를 기울이고 있답니다. 오바

미국은 트위터를 통해 외교 정책과 비전을 다양한 언어로 전 세계 네티즌에게 전하고 있어요.

마 미국 대통령이 2012년 핵안보 정상회의에 참석하기 위해 우리나라를 방문했을 때의 일이에요. 주한 미국 대사관에서는 트위터와 페이스북을 통해 한국의 네티즌들에게 오바마 대통령에게 궁금한 질문을 받았어요. 실제로 오바마 대통령은 우리나라에서 연설할 때 우리나라 네티즌의 질문에 대한 답변을 포함시켰어요. 오바마 대통령이 답변한 질문은 "인터넷에 다른 이름을 사용해서 자신을 지지하는 글을 올린 적 있습니까?"라는 것이었어요. 오바마 대통령은 다음과 같이 대답했지요.

"솔직히 저는 그런 적이 없지만 제 딸들이 그랬을지는 모르겠습니다."

이처럼 우리나라의 네티즌들과 인터넷을 통해 활발히 교류한 오바마 대통령의 디지털 외교는 우리나라 국민들에게 큰 호응을 받았어요.

미래는 사이버 전쟁의 시대

요즘은 한 나라의 정치, 경제, 사회, 문화 등 모든 영역이 인터넷으로 연결되고, 심지어 군사 장비와 전력 시설 등까지 인터넷과 컴퓨터로 관리되고 있어요. 그러다 보니 사이버 테러의 위협이 점점 커지고 있지요. 사이버 테러리스트는 마음만 먹으면 군사, 물류, 금융 등 국가의 모든 중요 시설을 해킹해서 나라를 큰 혼란에 빠트릴 수 있어요. 우리나라는 미국과 사이버 안보 협의체를 만들어 사이버 테러에 공동 대응하고 있어요. 한반도 평화에 큰 위협이 되고 있는 북한의 사이버 테러를 막기 위해서이지요. 외교관은 나라와 나라 사이의 전쟁을 막기 위해 가장 앞장서서 활동하는 평화 지킴이예요. 따라서 외교관을 꿈꾸는 어린이라면 사이버 전쟁을 막기 위해 사이버 보안과 안보에도 관심을 가져야 한답니다.

경찰청 사이버 테러 대응센터 홈페이지

3장 세상을 바꾸는 디지털 외교 이야기

디지털 대사관은 또 뭐예요?

2011년 우리나라의 외교부 장관은 취임식에서 앞으로 SNS를 통해 전 세계를 상대로 디지털 외교를 추진하겠다고 밝혔어요.

그 첫 번째로 외교부는 전 세계 110개 재외 공관에서 일제히 트위터와 페이스북 운영을 시작했지요. 이것은 곧 인터넷 세상에서 대사관 역할을 하는 디지털 대사관을 전 세계에 110개 세운 것과 같아요. 앞으로 각 나라에서 우리나라를 대표하는 대사가 SNS를 통해 현지 사람들에게 직접 우리나라의 문화와 역사를 알리는 디지털 외교를 펼칠 계획이에요.

또한 외교부는 세계에서 가장 큰 동영상 공유 사이트인 유튜브도 활발히 활용하고 있어요. 유튜브에 일본과 영유권 문제로 싸우고 있는 독도뿐만 아니라, 우리나라의 역사와 문화를 다룬 동영상을 올려 전 세계 사람들에게 한국의 올바른 이미지를 소개하고 있지요.

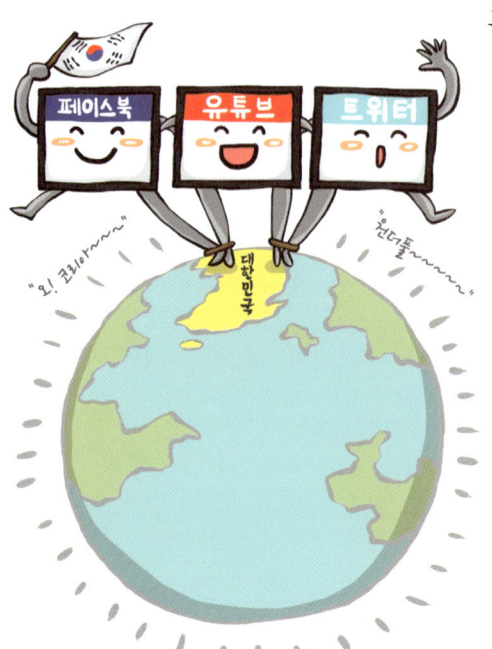

외교부 트위터

외교부는 디지털 외교가 성공하려면 정부뿐만 아니라 NGO(비정부 시민 단체)와 일반 시민 등 민간 부문이 함께 세계를 상대로 디지털 외교에 나서야 한다고 밝혔어요. 그리고 앞으로 우리나라 어린이들과 청소년들을 전 세계에 우리나라를 알리는 디지털 외교관으로 키우는 프로그램을 마련하겠다고 밝혔답니다.

대한민국 디지털 외교 대사 메달

이제는 디지털 세상에서 누구나 쉽게 자신의 의견을 외교부에 건의하고, 국가 외교 정책에 반영시킬 수 있는 시대가 되었어요. 누구든 마음만 먹으면 디지털 외교관이 될 수 있게 된 거예요. 어린이 여러분도 디지털 외교관이 되어 외교부 장관 트위터에 우리나라의 외교 정책을 건의해 보면 어떨까요?

디지털 외교 국제 회의

2011년 겨울 프랑스 파리에서 '디지털 외교'를 주제로 국제 회의가 열렸어요. 이 회의에서는 디지털 외교에 뛰어난 21개 국가의 정부 대표가 한자리에 모여, 21세기 SNS 시대를 맞아 디지털 외교 전략을 어떻게 펼쳐야 할지 의논했지요. 우리나라는 SNS를 훌륭하게 활용하고 있는 외교부의 활약에 힘입어 이 회의에 초청을 받았어요. 외교부는 '모팟스토리(mofat story)'라는 외교부 내의 SNS를 만들어 그곳의 다양한 정보를 트위터, 페이스북 등을 통해 국민에게 직접 홍보하고, 외교부 관련 이슈에 직접 대응하는 등 SNS를 무척 효율적으로 활용하고 있다는 평가를 받고 있지요. SNS의 등장으로 정부의 외교 정책이 자국뿐만 아니라 세계에 바로 전달되면서, 이제 전 세계 외교관들의 주요 관심사는 어떻게 하면 SNS를 효과적으로 사용할까 하는 것이 되었어요.

정말 디지털 외교가 중요한가요?

2011년 초 수십 년간 독재에 시달리던 중동 지역의 튀니지와 이집트, 리비아 등에서는 대통령의 퇴임과 정치 및 경제 개혁을 요구하는 대대적인 시위가 일어났어요. '아랍의 봄'으로 불리는 이 민주주의 시위는 이집트와 리비아에서 독재 정권을 물러나게 만들어 전 세계를 놀라게 했지요.

이렇게 시민들이 전국에서 대규모로 시위를 벌여 독재 정권을 물리친 비결은 무엇이었을까요? 바로 SNS였답니다. 시민들은 독재 정권의 감시를 피해 페이스북과 트위터, 유튜브를 이용해 자신들의 활동을 전 세계에 실시간으로 알렸어요. 이러한 디지털 외교관들의 SNS 활동은 전 세계 수많은 사람들의 호응을 이끌어 내어 각 나라의 언론과 정부를 움직이게 했고, 국제 사회의 지지를 얻어 마침내 독재 정권을 퇴진하게 만들었어요.

디지털 외교관들은 전 세계의 공통 문제인 글로벌 이슈 해결에도 앞장서고 있어요. 세계의 시민들은 SNS를 통해 글로벌 이슈를 해결하기 위한 다양한 글로벌 네트워크를 구축하고 있지요. 이들은 일본에서 대규모 지진과 해일이 일어났을 때에도 전 세계적으로 모금 운동을 벌여 피해 지역에 구호물자를 신속히 보냈답니다.

'아랍의 봄'에 앞장선 사람들

"이럴수가, 우리가 SNS에 지다니!!"

디지털 강국인 우리나라의 디지털 외교관들은 우리의 문화를 전 세계 네티즌들에게 퍼트리고 있어요. 우리의 음식, 관광지, 문화유산, 역사, 음악 등을 소개하는 동영상을 제작해 트위터, 페이스북, 유튜브 등에 올려 전 세계 네티즌들에게 소개하고 있지요.

독재 국가에서 민주주의를 이끌어 내어 지구촌 외교 역사를 다시 쓰고, 전 세계 곳곳의 어려움에 처한 사람들을 도우며, 자신의 나라를 세계에 알리는 디지털 외교관! 어때요, 멋있지 않나요?

누구나 디지털 외교관이 될 수 있어요?

2012년 7월 외교부는 사이버외교사절단 반크와 손잡고 디지털 외교를 강화하겠다고 발표했어요. 반크는 '세계 속에 한국 바로 알리기'를 목표로 사이버 외교관 교육뿐만 아니라, 세상을 좀 더 살기 좋게 바꾸기 위해 다양한 사업을 펼치는 민간 외교관 조직이에요. 회원 수가 12만여 명에 이르지요. 제가 단장으로 일하고 있는 곳이 바로 이 반크랍니다.

저는 반크 단장으로서 외교부 장관과 만나 SNS 등 디지털 네트워크 영역에서 우리나라 외교를 올바르게 널리 알리기 위한 '상호협력 양해각서'를 교환했어요. 또한 외교부와 반크는 함께 손잡고 민간 디지털 외교관을 길러내기로 했지요. 디지털 외교관은 전 세계 정부와 개인에게 우리나라를 올바르게 알리고, 지구촌 공동의 문제 해결에 동참하는 역할을 맡게 될 거예요. 외교부와 반크는 매년 청소년 1천 명을 '청소년 디지털 외교관'으로 양성하는 프로젝트를 추진할 예정이랍니다.

외교부와 상호협력 양해각서를 교환하는 박기태 반크 단장

그런데 우리나라 외교부가 왜 민간단체인 반크와 손을 잡았을까요? 그 이유는 전 세계적으로 디지털 외교가 중요해졌기 때문이에요. 외교부와 반

3장 세상을 바꾸는 디지털 외교 이야기

디지털 외교관이 되는 방법 ❶
SNS로 세계인과 친구가 되어요

전 세계 사람들이 어떤 나라의 이미지를 평가할 때 가장 중요하게 여기는 것은 무엇일까요? 산업 자원부가 세계 21개국의 외국인을 대상으로 설문 조사한 결과, 어떤 나라의 이미지를 결정짓는 데 가장 크게 영향을 미치는 것은 그 나라 국민에 대한 이미지로 나타났어요.

그런 만큼 우리나라의 이미지를 좋게 만들 수 있는 방법은 우리 자신에게서 찾을 수 있답니다. 바로 우리 스스로가 전 세계 사람들과 적극적으로 연락을 주고받아, 한 사람 한 사람의 마음속에 친근하고 매력적인 한국인의 이미지를 심는 거예요.

그러면 어떻게 70억 세계인과 이어지는 연락망을 만들 수 있을까요? 1967년 하버드대학교 교수 스탠리 밀그램은 누구나 6단계만 거치면 70억 세계인과 친구로 연결될 수 있다는 사실을 알아냈어요. 이 원리는 인터넷상에서도 똑같이 적용되지요. 최근 세계적인 인기를 얻고 있는 페이스북을 예로 들어 설명해 볼게요. 페이스북은 자신과 연결된 친구의 친구를 온라인상에서 서로 연결해 주어 친구를 끝없이 만들어 나갈 수 있게 해 주어요.

그러므로 우리나라 사람 1명이 페이스북으로 여러 외국 친구를 사귀며 한국에 대한 좋은 이미지를 심어 준다면, 70억 세계인은 오래지 않아 우리나라에 대해 좋은 이미지를 가지게 될 거예요.

70억 세계인과 친구가 되는 6단계 법칙

세계적으로 인기 있는 SNS, 페이스북과 트위터

세계에서 가장 인기 있는 SNS는 페이스북과 트위터예요. 페이스북은 미국 하버드대학교 학생들이 서로 친구를 맺는 작은 프로그램에서 시작되었는데, 지금은 전 세계에서 10억 명 이상이 가입되어 있어요. 인터넷에서 만난 친구들과 서로 정보와 자료를 공유할 수 있지요. 트위터는 최대 140자의 짧은 글로 자신의 의견을 표현할 수 있는 서비스예요. 다른 사람의 글을 전달해 정보를 순식간에 널리 퍼트릴 수 있는 것이 특징이지요.

반크 페이스북

디지털 외교관이 되는 방법 ❷
블로그를 열심히 운영해요

SNS만큼 인터넷에서 활발히 활동할 수 있는 또 하나의 공간으로 블로그를 꼽을 수 있어요. 블로그는 자신이 관심을 가진 내용을 자유롭게 글이나 사진, 그림 등으로 올리는 웹 사이트예요. 블로그를 운영하는 사람을 블로거라고 하지요.

요즘 전 세계 인터넷 사용자들은 신문이나 방송, 포털 사이트를 통해 정보를 얻기보다는 개인이 운영하는 블로그를 찾아 정보를 얻는다고 해요. 블로그의 정보는 블로거가 직접 체험하고 쓴 자세한 정보인 데다가 친밀감까지 느낄 수 있기 때문이에요.

이처럼 블로그의 영향력은 점점 높아져서 우리나라에 대한 세계 사람

들의 평가를 좌우할 정도예요. 예를 들면 외국인 블로거 한 명이 한국 관광을 하고 올린 글이나 사진이 전 세계 사람들이 느끼는 한국의 이미지를 좌우할 정도로 영향력이 높아지게 된 거예요.

우리나라의 외교관 수는 2천여 명으로, 중국의 7천여 명이나 일본의 5천5백여 명에 비해 턱없이 부족해요. 그런데 어린이 여러분이 블로그에 영어로 우리나라를 홍보하는 내용의 글이나 사진을 올려, 외국 친구들이 블로그를 자주 방문하게 만든다면 어떨까요? 여러분이 바로 디지털 외교관 역할을 하는 블로거가 되는 거예요.

따라서 외교관에 버금가는 국제적 영향력을 갖춘 블로거를 열심히 키워야 해요. 이들이 한국을 대표하는 국가 홍보, 외교, 관광 채널로서 자부심과 소명감을 가지고 디지털 외교 블로거로 활동할 수 있도록 계속 격려하고 지원해야 하지요.

디지털 외교관이 되는 방법 ❸
우리나라를 알리는 UCC를 만들어요

　UCC는 사용자 자체 제작 콘텐츠(User Created Contents)의 줄임말이에요. 주로 동영상으로 만들어지는 UCC의 영향력은 갈수록 높아지고 있어요. 세계 최대 동영상 공유 사이트인 유튜브는 하루 조회 수가 1억 건을 넘을 정도로 인기를 끌고 있지요. 그런데 얼마 전 유튜브에 한국 문화에 대한 부정적인 내용이 올라와 문제가 되었어요.

　동영상의 내용은 일본에 사는 한 미국 여성이 김치가 담겨 있는 플라스틱 통을 가리키며 이렇게 말하는 내용이었지요.

　"일본에 사는 한국인들은 김치를 먹는데, 난 김치가 싫다. 냄새가 고약하고 역겨워 마치 고문을 받는 느낌이다."

　그런데 이 동영상이 유튜브에 등록된 지 2달 만에 33만 명이 넘는 사람이 시청했고, 그 결과 이 동영상은 김치 분야 조회 수 1위에 올랐어요. 김치를 잘 모르는 외국인들이 이 동영상을 본다면 어떨까요? 김치에 대해 부정적으로 생각하게 되겠지요.

　이런 문제를 해결하려면 어떻게 해야 할까요? 한 가지 방법은 우리 문화를 다룬 친근한 홍보 동영상을 직접 만드는 거예요. 오늘 밤이라도 당장 저녁 식탁에 올라온 김치찌개를 동영상으로 찍어 유튜브에 올려 보세요. 김치가 전 세계적으로 인정받는 건강 식품이라는 설명과 함께요.

　이와 반대로 전 세계에 한국이라는 나라를 단번에 알린 쾌거도 유튜브에서 이루어졌답니다. 우리나라 가수 싸이가 부른 '강남스타일'이라는 뮤직 비디오가 유튜브에 올라간 후, 전 세계에서 1억 명이 넘는 사람들이 이 뮤직 비디오를 시청했어요. 특별한 홍보도 하지 않고 그저 동영상 하나를 유튜브에 올렸을 뿐인데 전 세계 사람들이 뮤직 비디오에 나온 말춤에 열광했어요. 더불어 한국이라는 나라를 알게 되고 호감을 가지게 되었지요.

이처럼 UCC의 힘은 엄청나요.

'나비 효과'라는 말을 들어 본 적이 있나요? 아마존 밀림에 있는 작은 나비의 날갯짓이 멀리 떨어진 미국 땅에 거대한 폭풍을 불러일으킬 수 있다는 이론이지요. 이제 여러분도 유튜브에 우리나라를 알리는 동영상을 올려 보세요. 이 작은 동영상 하나가 세상을 움직이는 나비의 날갯짓이 되어 수많은 외국인이 한국에 호감을 가지게 될 거예요.

반크에서 주최한 독도 및 한국 알리기 UCC 공모전

세상을 바꾸는 디지털 외교 이야기

디지털 외교관이 되는 방법 ❹
디지털 외교관들과 네트워크를 만들어요

신문이나 뉴스에서 혹시 '다보스 포럼'이라는 것을 들어 본 적이 있나요? 다보스 포럼은 스위스의 다보스라는 도시에서 해마다 열리는 '세계 경제 포럼'이에요. 전 세계의 저명한 기업인, 정치가, 학자, 언론인 등이 모여 세계 경제 등 전 지구적인 문제에 관해 논의하는 권위 있는 국제 회의이지요.

미래의 외교관을 꿈꾸는 많은 우리나라의 어린이와 청소년도 '다보스 포럼'에 참가하기를 꿈꾸어요. 하지만 실제로 우리가 그 모임에 참석해 자기 목소리를 내기란 쉽지 않아요. 그렇다고 아예 방법이 없는 것은 아니랍니다. 다보스 포럼 회원들과 활발하게 의견을 주고받는 평범한 청소년들의 모임이 있거든요.

세계 젊은이들의 UN으로 불리는 '테이킹 아이티 글로벌'

테이킹 아이티 글로벌 (www.tigweb.org)

'테이킹 아이티 글로벌'이라는 웹 사이트가 바로 그 주인공이에요. 테이킹 아이티 글로벌은 '세계 젊은이들의 UN'이라고 불려요. 미래 지구촌 세상의 주인공인 세계 젊은이들이 디지털 외교관이 되어, 스스로 지혜를 모으고 실천해서 지구촌을 변화시키

자는 취지로 만들어졌어요. 세계 인권과 난민, 기아, 지구 온난화, 에이즈(AIDS), 환경 등 전 지구적인 해결 과제를 더는 국제연합이나 각 나라의 정치인, 외교관에게만 맡겨 두지 말자는 것이지요.

2000년에 개설된 테이킹 아이티 글로벌은 몇 년 만에 200여 개국에서 11만 명의 디지털 외교관을 확보했어요. 또 자원 봉사자들이 13개 언어로 운영하고 있으며 5백만 명이나 되는 사람들이 방문할 정도로 급속히 성장하고 있어요. 이들은 지역과 민족, 언어를 뛰어넘어 지구의 미래를 위협하는 모든 과제에 대해 함께 고민하고 아이디어를 공유하며, 세상을 변화시킬 다양한 프로젝트를 추진하고 있지요.

그래서 테이킹 아이티 글로벌은 순수 민간 웹 사이트이지만 국제연합 같은 세계적인 국제기구, 다보스 포럼 같은 국제회의뿐만 아니라, 구글과 마이크로소프트 같은 글로벌 기업과도 협력하고 있어요. 이들과 함께 지구촌 문제 해결을 위한 글로벌 프로젝트를 진행할 만큼 세계적으로 인정받고 있답니다.

전 세계 디지털 외교관들이 아이디어를
나누는 '월드체인징'

월드체인징 (www.worldchanging.com)

2003년 만들어진 '월드체인징' 역시 지구 온난화와 금융 위기, 전쟁, 기아 등 지구의 미래를 위협하는 심각한 문제들을 해결하기 위해 전 세계 디지털 외교관들이 모여 아이디어를 나누는 사이트예요.

다보스 포럼, 테이킹 아이티 글로벌, 월드체인징에는 3가지 공통점이 있어요. 첫째, 전 세계인의 공동 목표를 해결하기 위해 시작된 모임이라는 점. 둘째, 시작은 작은 모임이었지만 지금은 세계를 변화시켜 나가는 사람들의 근거지가 되었다는 점. 셋째, 한국 사람의 참여가 아주 낮다는 점이에요.

우리나라 청소년들이 주도적으로 참여하는
'월드체인저'

월드체인저 (changer.prkorea.com)

한국의 민간 디지털 외교관들이 주도적으로 세계 문제를 고민하고 대응책을 마련하는 커뮤니티도 있어요. 바로 '월드체인저'란 사이트예요. 인류에게 가장 심각한 문제로 손꼽히는 글로벌 이슈 7가지를 선정하고, 각 주제를 해결하고자 하는 뜻있는 한국의 청소년들을 모아 세계를 변화시켜 나갈 실력을 키워 주는 사이트이지요.

월드체인저 사이트는 21세기 글로벌 시대에

대한민국 청소년들이 한국을 넘어 지구촌 시민으로서의 나의 존재를 인식하고, 세계인들이 관심을 기울이고 있는 기후 변화, 빈곤, 질병 오염, 국제 분쟁, 물 부족, 여성 문제, 아동 문제 등과 같은 지구촌 공동 이슈에 적극적으로 참여하고 해결하는 월드 리더가 될 수 있도록 교육하고 양성하는 것을 목표로 합니다.

세계를 변화시키기 위해 꼭 국제기구에서 일할 필요는 없어요. 이러한 디지털 외교관의 사이버 모임에 열심히 참가해도 세계를 좀 더 살기 좋은 곳으로 바꾸는 데 힘을 보탤 수 있으니까요. 이처럼 글로벌 이슈를 적극적으로 주도하며 전 세계 사람들과 협력하는 네트워크를 만드는 것은, 21세기 세상을 변화시킬 디지털 외교관의 가장 중요한 임무랍니다.

다보스 포럼=세계 경제 포럼 (World Economic Forum)

매년 겨울이면 스위스의 작은 휴양 도시인 다보스에 전 세계 정재계 인사들과 사회 지도자, 할리우드 스타 등 수천 명에 이르는 사람들이 모여들어요. 세계 1,200여 개의 기업과 단체로 이루어진 '다보스 포럼', 즉 '세계 경제 포럼'에 참석하기 위해서이지요. 다보스 포럼은 전 세계의 리더들이 한자리에 모여 경제 위기와 빈곤, 지구 온난화, 환경 등 전 지구적인 문제에 대한 해결 방안을 찾는, 국제연합에 버금가는 영향력을 가진 국제회의랍니다.

디지털 세상에도 지켜야 할 예절이 있어요!

국제 사회에서 에티켓을 지키지 않는 일부 우리나라 사람 때문에 우리나라의 전체 이미지가 나빠져 문제예요.

한국인 유학생들이 미국의 유명 국립 공원에 낙서를 했다가 약 3천만 원의 벌금을 물었어요.

유럽의 일부 유적지에는 한글로 '낙서 금지'라는 경고 문구까지 붙어 있을 정도라고 해요.

외국을 방문할 때는 자신이 우리나라의 이미지를 책임지는 외교관이라는 생각을 가지고 행동해야 해요. 글로벌 에티켓은 우리나라를 방문한 외국인에게도 똑같이 적용돼요.

뒷 사람을 위해 문을 잡아 주어요.

공공 장소에선 작은 소리로 통화해요.

"실례합니다."라고 먼저 말해요.

디지털 세상에서도 에티켓은 필요해요. 이를 '네티켓'이라고 해요. 그런데 최근 우리나라의 네티즌들이 외국의 유명 채팅 사이트에서 네티켓을 지키지 않는 경우가 있어서 문제예요.

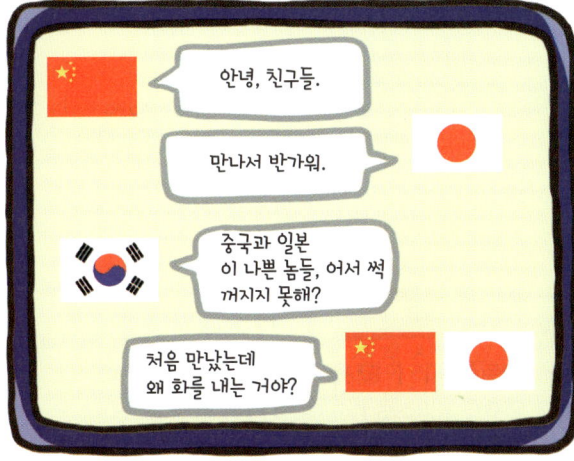
역사 문제를 이유로 중국과 일본 친구에게 욕을 해요.

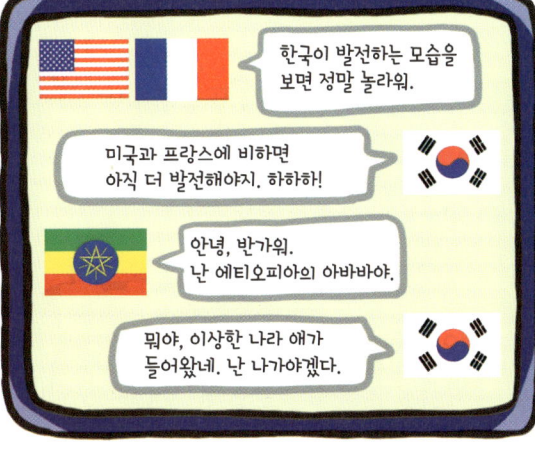
개발 도상국 친구가 들어오면 바로 퇴장해요.

글로벌 네티켓의 가장 큰 원칙은 내가 존중받기를 바라는 만큼 남을 먼저 존중하는 거예요. 특히 외교관을 꿈꾸는 어린이라면 글로벌 에티켓과 네티켓을 꼭 지켜야 해요.

국적과 상관없이 반갑게 인사해요.

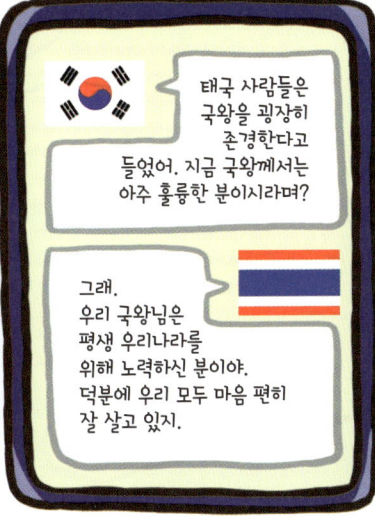
상대 나라의 역사와 문화를 존중해요.

블로그에 칭찬의 댓글을 달아요.

4장
행복한 지구촌을 꿈꾸는 국제기구 이야기

국제연합, 유니세프, 세계보건기구, 유네스코, 세계무역기구, 월드비전…….
이 이름들을 들어 본 적이 있나요? 모두 세계적인 국제기구들이랍니다.
다양한 국제기구들의 활동은 외교 분야에서 상당한 부분을 차지해요.
이 중에서도 전 세계를 아우르는 국제연합은 지구촌 시대를 맞이해
세계 구석구석에 관여하지 않는 분야가 없을 정도이지요.
국제기구를 잘 아는 것은 외교를 잘 알 수 있는 지름길과 같답니다.

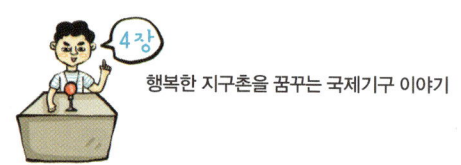

국제기구가 뭐예요?

국제기구란 국가 단위를 넘어선 개인이나 정부의 모임을 말해요. 어떤 국제적인 목적이나 활동을 위해서 만들어지지요. 가장 대표적인 국제기구는 바로 국제연합이에요. 국제기구는 다음과 같이 구분할 수 있어요.

정부와 상관이 있다 VS 없다

국제기구는 정부와 상관이 있느냐 없느냐에 따라 '정부 간 기구'와 '비정부 기구'의 두 가지로 나눌 수 있어요. 정부 간 기구는 세계 여러 나라의 정부가 협력해서 만든 기구예요. 대표적인 정부 간 기구로는 국제연합, 유럽연합, 세계무역기구 등을 들 수 있지요. 정부와 상관없는 비정부 기구(NGO)로는 월드비전, 국제사면위원회 등을 들 수 있어요.

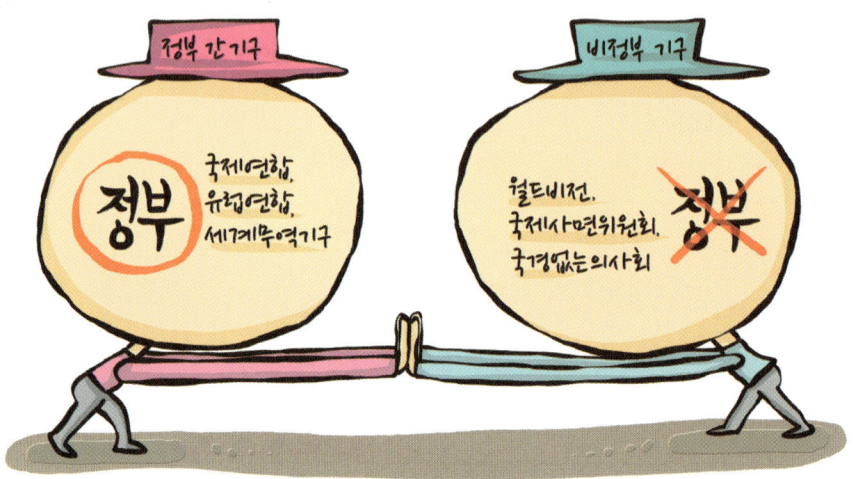

관할하는 범위가 세계적이다 VS 지역적이다

국제기구는 지리적으로 관할하는 범위에 따라 나눌 수도 있어요. 전 세계를 관할하는 국제연합은 '세계적 국제기구'라고 할 수 있지요. 반면에 유럽연합(EU), 아시아태평양경제협력체(APEC) 등의 국제기구는 특정 지역을 관할하는 '지역적 국제기구'라고 할 수 있어요.

전 세계 공통 문제 해결을 위해 국제기구가 필요해요

교통과 통신의 발달로 세계 여러 나라 사람들이 서로 오고 가게 되면서, 한 곳에서 일어난 일이 많은 나라에 영향을 주는 일이 늘어났어요. 그리고 자원 문제, 식량 문제, 지구 온난화 문제 등 전 세계가 공통으로 겪는 문제도 많이 생겨났지요. 이런 문제들을 함께 해결하기 위해 생겨난 것이 바로 국제기구랍니다.

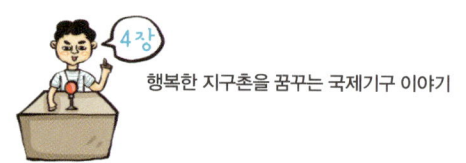

4장
행복한 지구촌을 꿈꾸는 국제기구 이야기

국제연합이 국제기구의 대표예요?

국제연합의 국제 회의장

여러분은 '국제연합(UN)' 하면 누가 떠오르나요? 아마도 제8대 국제연합 사무총장인 우리나라의 반기문 사무총장일 거예요.

"저 반기문은 국제연합 사무총장으로서 모든 주어진 임무에 충성심을 가지고 임할 것을 맹세합니다."

반기문 사무총장은 2006년에 한국인 최초이자, 아시아 대륙에서 두 번째로 국제연합 사무총장으로 뽑혔어요. 그리고 2011년 6월 국제연합 회원국 전체의 지지를 받아 다시 한 번 국제연합 사무총장을 맡게 되었지요. 이로써 반기문 사무총장은 2016년 말까지 각 나라 정부와 세계 사람들을 대상으로, 지구촌을 변화시키고 세계 평화를 지키기 위해 가장 앞장서서 일하게 되었답니다.

국제연합은 국제기구의 대표라고 할 수 있어요. 우리가 알고 있는 대부분의 국제기구는 국제연합과 연결되어 있지요. 이렇게 전 세계를 대표하는 기구를 이끌어 가는 분이 우리나라 사람이라니 정말 자랑스러워요.

그럼 국제연합이 어떤 곳인지, 어떤 일을 하는지 좀 더 자세히 알아볼까요?

국제연합의 기구들

국제연합은 6개의 주요 기관과 산하기구, 전문기구 및 관련기구로 구성되어 있어요. 국제연합 아래에 산하기구가 있고, 이 외에 국제연합과 협력하는 전문기구와 관련기구가 있지요. 예를 들면 유니세프(유엔아동기금)는 국제연합의 산하기구이고, 세계보건기구(WHO)와 유네스코는 국제연합의 전문기구예요. 그리고 우리에게 잘 알려져 있지는 않지만 아시아개발은행 같은 기구는 국제연합의 관련기구랍니다.

국제연합의 주요 기관은 총회, 안전보장이사회, 국제사법재판소, 사무국, 경제사회이사회, 신탁통치이사회의 6개예요.

먼저 사무국은 국제연합의 업무를 지휘·감독하는 사무총장에게 직접 속해 있는 기관이에요. 국제연합의 전반적인 행정을 맡고 있지요. 그리고 경제사회이사회는 국제 경제, 사회, 문화, 교육, 보건 분야를 연구하고 보고하는 일을 하는 기관이에요. 또한 신탁통치이사회는 신탁통치를 받는 지역 주민들이 스스로 일어설 수 있는 힘을 키워 주는 것을 목적으로 하는 기관이지요. 나머지 세 기관은 아래에서 자세히 알아보아요.

총회

구성: 모든 회원 국가

모든 회원국의 대표로 구성되는 국제연합의 중심 기관이에요. 세계 평화와 안전을 유지하기 위해 권고하고, 안전보장이사회 비상임 이사국을 뽑아요. 새로운 회원국을 승인하며, 기구의 예산을 심의하고 의결하는 일도 하고 있어요.

강제적인 힘은 없어요.

안전보장이사회

구성: 5개 상임 이사국 + 10개 비상임 이사국

줄여서 '안보리'라고도 해요. 세계 평화 및 안전 유지에 대해 1차로 책임을 져요. 국제적인 문제나 분쟁에 대한 해결이나 조정 방법을 제시하지요. 국제연합 회원국은 안보리에서 내린 결정에 따라야 해요.

5개 상임 이사국은 미국, 영국, 프랑스, 중국, 러시아예요.

국제사법재판소

국제연합의 사법 기관이에요. 총회와 안전보장이사회가 뽑은, 각기 다른 국적의 판사 15명으로 구성되지요. 재판에는 국제법을 적용하며, 국제사법재판소에서 판결한 내용을 따르지 않을 때는 안전보장이사회가 어떻게 대응할지 결정해요.

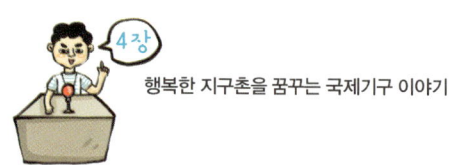

행복한 지구촌을 꿈꾸는 국제기구 이야기

국제연합은 어떤 일을 해요?

국제연합이 하는 일은 무척 다양해요. 가장 먼저 국제연합은 세계 평화와 안전을 유지하는 일을 해요. 세계 여러 나라의 관계를 좋게 발전시키고, 나라와 나라 또는 지역과 지역 사이에 다툼이나 전쟁이 벌어지면 이를 평화적으로 해결하기 위해 조치를 취하지요.

또 각 나라가 군사를 유지하는 데 드는 돈을 줄이기 위해 활동하기도 해요. 그리고 세계 모든 나라 사람의 인권과 기본적 자유를 보장하기 위해서도 노력하고 있어요.

국제연합은 이런 목적들을 이루기 위해 세계 여러 나라의 행동을 조절하는 중심 기구로 활동하고 있지요. 이제는 전 세계가 지구촌으로 바뀌면서 나라와 나라 사이에 벌어지는 문제나 전 지구적으로 벌어지는 문제

국제연합은 전쟁을 막고 갈등을 해결하기 위해 전 세계에 실질적인 힘을 행사하는 국제기구예요.

국제연합은 군사력이 필요할 경우 안전보장이사회의 승인을 얻어 평화 유지군을 결성할 수 있어요.

에 국제연합이 개입하지 않는 경우가 없을 정도예요.

그러면 이렇게 많은 일을 하는 국제연합은 어떻게 만들어졌을까요?

국제연합은 제2차 세계대전이 끝난 직후인 1945년 세계의 평화와 안전을 지키기 위해 만들어졌어요. 처음 생길 당시에는 회원국이 51개국뿐이었지만 지금은 193개국으로 늘어났어요.

우리나라는 1991년에 북한과 함께 국제연합에 가입했고, 1996년과 2013년에 안전보장이사회의 비상임 이사국(10개국) 가운데 하나가 되었어요. 비상임 이사국은 2년 임기로 매년 5개국씩 교체되는데, 우리나라가 비상임 이사국이 되었다는 것은 그만큼 우리나라의 국력이 커졌다는 의미로 볼 수 있답니다.

국제연합이 이끄는 MDGs가 뭐예요?

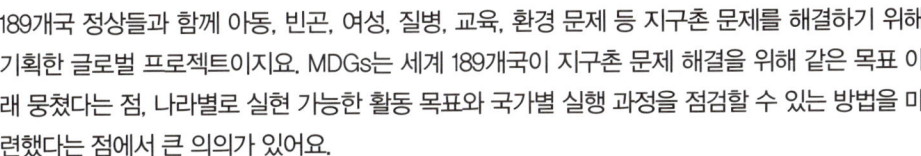

각 나라 외교부 웹 사이트의 자료를 검색하다 보면 유난히 자주 나오는 단어가 있어요. 바로 MDGs라는 단어예요. MDGs는 새천년개발계획(Millennium Development Goals)의 줄임말이에요. 국제연합에서 지난 2000년 세계 189개국 정상들과 함께 아동, 빈곤, 여성, 질병, 교육, 환경 문제 등 지구촌 문제를 해결하기 위해 기획한 글로벌 프로젝트이지요. MDGs는 세계 189개국이 지구촌 문제 해결을 위해 같은 목표 아래 뭉쳤다는 점, 나라별로 실현 가능한 활동 목표와 국가별 실행 과정을 점검할 수 있는 방법을 마련했다는 점에서 큰 의의가 있어요.

하지만 부작용도 있지요. MDGs 실천의 한 방법으로 정부 차원에서 원조가 이루어지기도 하는데, 일부 개발 도상국과 독재 국가 정부에서 해외 원조를 받아 개인이 꿀꺽 삼켜 버리는 경우가 종종 생기거든요. 또한 MDGs는 각 나라의 자발적인 참여로 이루어지므로, 각 나라의 책임감이 줄어들어도 이를 막을 마땅한 방법을 찾기 힘들다는 단점도 있어요.

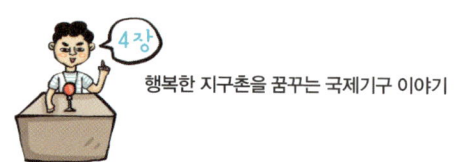

4장 행복한 지구촌을 꿈꾸는 국제기구 이야기

국제연합의 목표, 나도 실천할 수 있어요

가장 대표적인 국제기구인 국제연합은 어느 한 나라나 민족이 아니라 전 세계와 세계 사람들을 대상으로 하는 기구예요. 그런 만큼 국제연합에는 다음과 같은 4가지 목표가 있어요.

1. 세계의 평화를 유지해요.
2. 나라와 나라 사이의 관계를 친근하게 발전시켜요.
3. 경제적으로 어려운 사람들이 잘살 수 있도록 도와주고 기아, 질병 등 지구촌 문제를 함께 해결해요.
4. 전 세계 모든 국가가 국제연합의 활동 목표에 참여하도록 격려해요.

국제연합의 목표를 나도 실천할 수 있을까?

국제연합 회원국의 한 국민으로서 우리도 국제연합의 목표를 이루는 데 힘을 보탤 수 있답니다.

먼저 나라와 나라 사이의 분쟁은 상대 나라에 대한 '무지'와 상대 국민에 대한 '무시'에서 일어나는 경우가 많아요. 그러므로 지금부터 각 나라의 역사와 문화, 종교를 올바르게 이해하고, 특히 피부색과 국가에 대한 편견 없이 전 세계 친구를 적극적으로 사귀어 보세요. 그것만으로도 국제연합의 가장 중요한 활동 목표인 세계 평화를 유지하는 데 가장 큰 기여를 하는 셈이 된답니다. 언젠가 세계 평화를 가로막는 장애물이 생기더라도, 전 세계 외국 친구들 사이에 놓인 우정의 다리는 쉽게 허물어지지 않을 것이기 때문이에요.

사이버 스쿨버스 사이트

국제연합 뉴스 사이트

또 온라인 모의 유엔 사이트를 통해 빈곤, 기아 등 지구촌 문제를 해결하기 위한 다양한 아이디어를 나눌 수 있지요. 그리고 국제연합의 목표를 바로 알고 싶다면 국제연합 활동을 안내하는 사이트를 활용해 보세요. 이 사이트들 가운데 '사이버 스쿨버스'는 전 세계 학생들을 대상으로 한 것이므로, 틈틈이 클릭해서 국제연합에서 전 세계를 상대로 추진하는 활동을 일상생활에서 실천해 보세요.

국제연합 활동 안내 사이트

- 국제연합 공식 – http://www.un.org/
  국제연합의 모든 활동에 대해서 소개하는 국제연합 공식 사이트예요.

- 국제연합 방송 – http://www.unmultimedia.org/
  국제연합의 활동에 대한 방송, 라디오, 사진 등을 제공해요.

- 국제연합 뉴스 – http://www.un.org/news/
  국제연합의 활동에 대한 뉴스를 실시간으로 제공해요.

- 사이버 스쿨버스 – http://cyberschoolbus.un.org/
  국제연합에서 전 세계 초중고교 학생들에게 국제연합의 활동 목표에 대해 알려 주는 사이트예요.

주요 국제기구를 소개합니다

세상에는 우리가 잘 아는 국제연합 말고도 많은 국제기구가 있어요.
대표적인 국제기구들에는 어떤 것들이 있고, 어떤 일을 하는지 알아보기로 해요.

유니세프(UNICEF) 1946년 설립

정식 이름은 '국제연합아동기금'이에요. 전 세계의 가난하고 굶주리는 어린이를 위해 활동하는 국제연합의 산하기구이지요. 국적과 인종, 이념, 종교, 성별 등과 상관없이 도움을 필요로 하는 어린이가 있는 곳이면 어디든지 달려가 도움의 손길을 뻗어요.

유네스코(UNESCO) 1945년 설립

정식 이름은 '국제연합교육과학문화기구'예요. 세계 각 나라의 교육, 과학, 문화를 통해 세계 평화를 돕는 역할을 하는 국제연합의 전문기구예요. 우리에겐 세계 유산을 지정하는 곳으로 잘 알려져 있지요.

세계보건기구(WHO) 1948년 설립

보건과 위생 분야에서 국제적으로 협력하기 위해 만들어진 국제연합의 전문기구예요. 전 세계 사람들의 건강을 지키기 위해, 유행성 질병과 감염병 예방 대책을 마련하는 지구촌의 건강 지킴이랍니다.

국제올림픽위원회(IOC) 1894년 설립

전 세계의 축제로 불리는 올림픽을 주관하는 국제기구예요. 현재 200개가 넘는 나라가 회원으로 가입되어 있어요. 하계와 동계 올림픽 개최지를 선정하고 올림픽 대회가 잘 이루어지도록 노력해요.

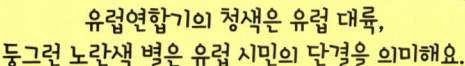

2013년 기준 회원국이 159개국으로, 전 세계 무역량의 97%를 차지한답니다.

유럽연합기의 청색은 유럽 대륙, 둥그런 노란색 별은 유럽 시민의 단결을 의미해요.

세계무역기구(WTO) 1995년 설립

공정하고 자유로운 무역을 통해 전 세계적인 경제 발전을 목적으로 하는 국제기구예요. 세계 무역 질서를 이끌고 있지요. 어느 한 나라가 이익을 보기 위해 자기 마음대로 무역하는 것을 막을 수 있어요.

유럽연합(EU) 1993년 설립

유럽의 28개국으로 구성된 정치·경제 공동체예요. 유럽 여러 나라의 경제 발전과 보다 나은 사회를 만들기 위해 서로 힘을 합하는 것이 목적이지요. '유로화'라는 화폐를 공동으로 사용해요.

석유수출국기구(OPEC) 1960년 설립

석유를 수출하는 나라들이 자신들의 이익을 지키기 위해 만든 국제기구예요. 석유의 생산량과 가격을 조절하지요. 회원국의 수는 12개로 적지만, 많은 나라가 필요로 하는 석유를 앞세워 세계 경제를 흔들 만큼 힘이 센 기구예요.

월드비전 1950년 설립

전 세계 100여 개 나라에서 1억 명이 넘는 지구촌 이웃들을 돕는 세계 최대 규모의 국제구호개발 비정부 기구(NGO)예요. 한국 전쟁 당시 우리나라에 설립되었어요.

국제백신연구소
손미향
전 자원개발 마케팅 본부장

Q 국제백신연구소는 어떤 국제기구인가요?

국제백신연구소(IVI)는 새로운 백신을 개발해서 지구촌 어린이에게 건강한 내일을 선물하고 있어요. 1997년에 설립된 국제백신연구소는 한국에 본부를 둔 최초의 정부 간 국제기구예요. 세계 40개 나라와 세계보건기구가 참여하는, 개발 도상국 어린이 감염병 예방 백신 개발을 위한 세계적인 규모의 국제기구랍니다.

Q 일을 하며 어떤 보람을 느끼셨나요?

국제백신연구소에서는 백신을 직접 개발하기도 하지만 개발 도상국 현장을 누비며 여러 가지 조사를 진행하기도 해요. 개발 도상국 현장에서 실제 연구가 이루어진다는 것이 국제백신연구소가 자랑하는 모습이 아닐까 싶네요. 그런 곳에서 일했다는 것이 저에겐 가장 큰 보람이라고 할 수 있어요.

Q 어린이들이 국제백신연구소의 활동에 참여할 수 있는 방법이 있나요?

국제기구에 들어오려면 그 국제기구에 대해 많이 공부해야 하고, 그 기구의 비전과 사명을 몸으로 깨닫는 시간이 필요하답니다. 여러분이 세계를 변화시키는 월드체인저가 되기 위한 첫걸음을 국제백신연구소 사이트에서 시작했으면 좋겠어요. 사이트를 방문해 국제백신연구소가 무슨 일을 하는지 찾아보고, 여러분의 가족들과 친구들에게도 적극 소개해 주세요.

Q 국제기구에서 일하기 위해서 가장 필요한 자질은 무엇인가요?

여러 국가의 직원들이 함께 일하는 국제기구에서는 정치적, 종교적, 문화적으로 균형을 잡는 것이 중요해요. 많은 여행과 독서 등을 통해 다른 나라의 문화에 대한 이해와 배려심도 키워야 하지요.

Q 앞으로의 계획이 있으시다면 말씀해 주세요.

대한민국 안에 새로운 기부 문화를 자리 잡게 하고 싶어요. 우리나라의 기부는 자선의 단계에 머물러 있지만, 이 단계를 뛰어넘어 박애주의의 단계까지 가야 된다고 생각해요.

Q 세계를 변화시키는 월드체인저를 꿈꾸는 어린이들에게 한마디 해 주신다면?

세계를 변화시키기 위해서는 우리가 무엇을 위해 살고 무엇을 위해 공부해야 하는지 알아야 해요. "공부해서 남 주자!" 이것이 제가 여러분에게 이야기해 주고픈 말이에요. 단순히 '커서 무엇이 되겠다.'에서 그치는 것이 아니라 무엇이 되어 '세상을 위해 어떠한 일을 할 것인가?'를 고민하는 것이 중요하답니다.

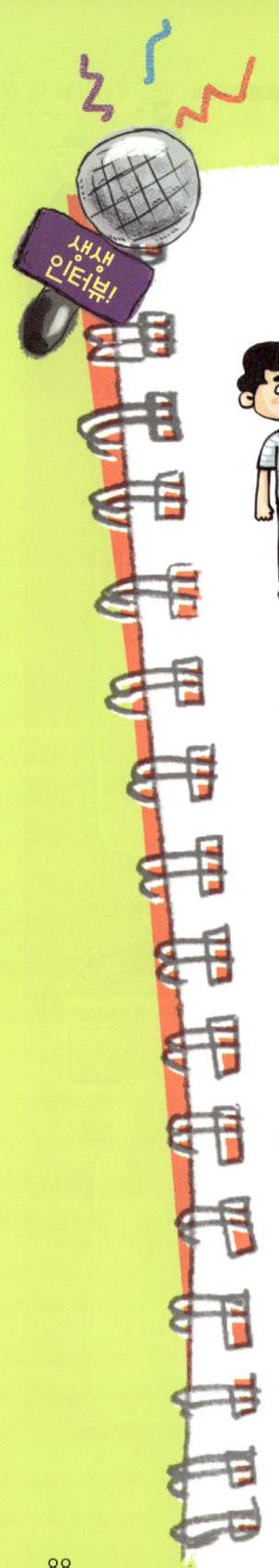
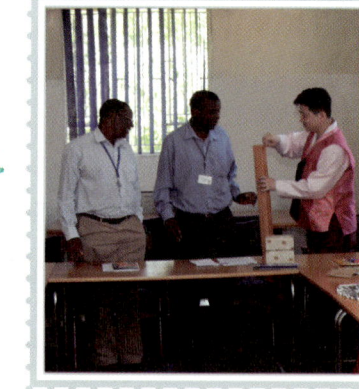

유네스코 짐바브웨 하라레 사무소

Q 유네스코 짐바브웨 하라레 사무소에 대한 소개를 좀 부탁드릴게요.

유네스코(UNESCO)의 원래 이름은 국제연합교육과학문화기구(United Nations Educational, Scientific and Cultural Organization)로 1945년 창설된 국제연합의 전문기구예요. 국가 간의 교육, 과학 그리고 문화 교류를 통한 국제 협력을 이끌어 내어 평화와 안전을 이루는 것이 유네스코의 목적이에요. 우리 유네스코 짐바브웨 하라레 사무소는 남아프리카 짐바브웨의 수도 하라레에 위치해 있으며 1986년에 설립되었어요. 짐바브웨, 잠비아, 보츠와나, 말라위 등을 포함해 4개국을 담당하고 있답니다.

Q 각 분야에서 어떻게 활동하고 계신가요? 과학 분야부터 말씀해 주세요.

유네스코 짐바브웨 하라레 사무소에서는 기본적으로 '지속적인 개발'에 초점을 맞추고 있어요. 과학에서는 크게 4가지 분야에 관심을 두고 프로그램을 시행하고 있는데 첫 번째 분야는 기후 변화, 두 번째 분야는 생물의 다양성, 세 번째 분야는 물 관리, 네 번째 분야는 과학 교육이에요. 그다음으로 초점을 맞추고 있는 분야는 커뮤니케이션과 정보 분야이지요. 모든 사람이 자유롭게 정보에 접근할 수 있게 하려고 노력하고 있어요.

Q 교육 분야의 활동은 어떻게 이루어지고 있나요?

학교에 대한 정보 수집 능력을 향상시키는 프로그램인 IEMS라는 프로그램을 대표로 설명해 드릴게요. 예를 들어 짐바브웨에서 학교를 다니는 방법을 찾고 싶은 사람이 있다면 IEMS 프로그램을 통해 정보를 얻을 수 있지요. 또 선생님들이 수업의 질을 높일 수 있도록 교수 능력을 향상시켜 주는 교수 학습 프로그램도 있어요. 그리고 에이즈를 막기 위한 질 높은 교육을 학교에 제공하고 있지요.

Q 목표를 달성하기 위해 많은 어려움이 있었을 것 같아요. 어려움을 극복하기 위해 어떻게 하셨나요?

기본적으로 경제적인 문제가 가장 커요. 현재 짐바브웨는 경제적으로 어려움에 처해 있는데 이것이 교육 분야에도 영향을 미치지요. 예를 들면 면학 분위기가 흐려진다는 것을 들 수 있어요. 하지만 지속적인 노력을 통해 낮은 문맹률을 유지하고 있답니다.

Q 일을 하시면서 가장 인상 깊었던 순간은 언제인가요?

정부와 협상을 할 때 우리의 생각이 정책에 포함되면 굉장히 기뻐요. 왜냐하면 정책으로 시행되는 것이야말로 영향력 있고 긍정적인 변화를 가져다주거든요.

Q 유네스코와 같은 국제기구에서 일하려면 어떤 능력을 갖추어야 하나요?

먼저 다양성을 갖추어야 해요. 자연과학 분야에 지원하고 싶다면 그 분야의 과목을 공부해야 하고, 문화 분야에 지원하고 싶다면 고고학 혹은 역사 분야에 대해 공부를 해야겠죠. 그리고 자기가 하는 일에 대해 흥미를 가져야 해요. 학교에서 배운 것과 실제로 하는 일에 차이가 있는 것도 유념해야 한답니다.

유네스코 짐바브웨 하라레 사무소 직원들에게 한국 홍보 자료를 전달하는 박기태 반크 단장

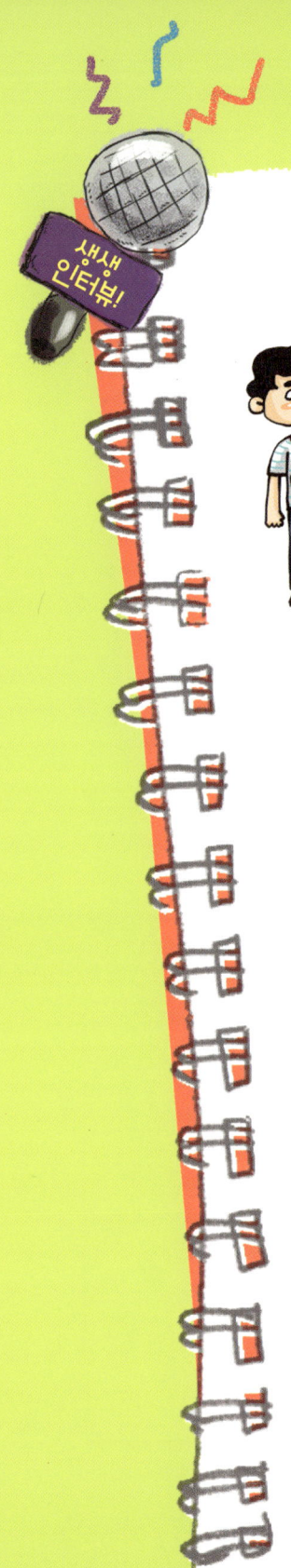

유니세프 짐바브웨 사무소
미카엘라 홍보 전문가

Q 짐바브웨 유니세프를 소개해 주시겠어요?

현재 짐바브웨 유니세프에는 약 200명이 일하고 있어요. 짐바브웨 유니세프는 굉장히 활기찬 기관이고 전국적으로 활동하고 있으며, 전문적인 일들과 다양한 프로그램을 진행하고 있어요. 또한 우리는 다른 NGO들과도 일하고 짐바브웨 정부하고도 일하고 있어요. 전 세계에서 짐바브웨를 위해 기부하는 사람들의 도움을 받아 어린아이들을 돕고 있지요.

Q 짐바브웨 유니세프에서 주로 진행하는 프로젝트는 무엇인가요?

우리는 에이즈의 확산을 막기 위해 다양하게 노력하고 있어요. 또한 여성들의 평등한 권리를 위해서도 일하고 있고, 아이들을 위한 사업을 많이 하고 있지요. 특히 학대당하는 아이들이나 도움이 필요한 아이들을 위해서 필요한 일들을 많이 하고 있어요. 그 밖에 청년들을 위한 회의를 열기도 하고 문화 발전을 위해서도 노력하고 있고요.

Q 혹시 짐바브웨 유니세프에 한국인 직원도 있나요?

아니요, 아직은 없어요. 하지만 우리 짐바브웨 유니세프에는 아시아, 아프리카, 유럽 등 매우 다양한 지역에서 온 사람들이 함께 일하고 있답니다.

Q 유니세프에서 일하면서 가장 행복했던 순간은 언제였나요?

우리가 돕는 아이들이 자신의 꿈을 이루어 가는 모습을 지켜보면 행복해져요. 사실은 이게 제가 유니세프에서 일하게 된 계기이기도 하답니다. 누군가를 섬기고 돕는다는 것 자체가 매우 행복한 일이에요. 앞으로도 아이들이 계속 성장하는 모습을 지켜보고 싶어요.

Q 유니세프에서 일하시면서 가장 힘들었던 일은 무엇인가요?

시골 지역의 아이들을 자주 만나게 되는데 그 아이들의 삶은 무척 고달파요. 그 아이들을 위해서 교과서를 주고 학교에 가도록 도와주고 있지만, 집에 돌아가면 그 아이들은 또 다른 현실을 마주하게 되지요. 아이들은 먹을 음식이 없어서, 부모님이 없어서 힘들어해요. 그런 모습을 지켜볼 때 마음이 아파요.

Q 유니세프에서 일하기를 꿈꾸는 어린이들에게 도움말을 주실 수 있나요?

유니세프는 전 세계적으로 젊은 리더들을 위한 다양한 프로그램을 운영하고 있어요. 특히 '네티(NETI)'라는 프로그램이 준비되어 있는데요. 네티는 'The New and Emerging Talent Initiative'의 약자로 유니세프 활동과 관련한 전문적인 경력을 체험하고 싶은 젊은 리더들을 위한 프로그램이랍니다. 인터넷으로 검색해서 이 프로그램에 대해 알아보면 젊은이뿐만 아니라 어린이와 청소년도 많은 도움을 받을 수 있을 거예요.

한국 전통 문화를 알리기 위해 유니세프 짐바브웨 사무소를 찾은 반크 회원들

5장
세계를 변화시키는 국제 활동가가 되고 싶어요!

국제기구는 어떤 특정한 목적을 이루기 위해
여러 나라가 협력해서 만든 조직체예요.
세계를 변화시키는 국제 활동가가 되고 싶은 어린이라면
국제기구에서 일하고 싶은 꿈을 키우고 있겠지요?
지금부터 국제기구의 직원들은 어떤 일을 하는지, 국제기구에서 일하려면
어떻게 해야 하는지 함께 알아보아요.

국제기구 전문가들은 어떤 일을 해요?

세상에는 다양한 국제기구가 있다는 것을 앞에서 배웠지요? 그런 만큼 그 안에서 일하는 전문가들도 무척 다양해요.

국제회의 전문가

국제회의의 처음부터 끝까지 모두 맡아서 진행하는 일을 해요. 국제회의의 기획 및 유치, 준비, 진행 등과 관련된 모든 업무를 맡아보지요. 예산을 잡고, 회의를 홍보하고, 회의를 진행하는 데 필요한 인원을 뽑는 등 다양한 일을 해요.

동시 통역가

통역가는 외국인의 대화나 발표를 우리말로 전달하거나 우리말을 외국어로 전달하는 일을 해요. 그중에서도 동시 통역가는 각종 국제회의나 세미나 등에서 외국인의 말을 해당 국가의 말로 실시간 통역하지요.

다자 협력 전문가

각 국제기구와 일하는 데 있어 다자 협력해야 하는 일들을 관리하는 일을 해요. 다자 협력이란 여러 나라가 같은 조건으로 힘을 합해 일한다는 뜻이지요. 우리나라의 경우에는 한국국제협력단(KOICA)에서 각 국제기구에 다자 협력 전문가를 파견하고 있어요. 다자 협력 전문가는 유니세프, 국제연합개발계획 등 주요 협력 국제기구에 파견되어 국제기구 사업을 진행하고, 사업이 잘 진행되는지 점검하고 평가하는 일 등을 한답니다.

국제 앰네스티 조사관

국제 앰네스티(국제사면위원회)는 정치나 종교 또는 양심에 따른 신념 때문에 억압받거나, 인종·피부색·언어·성 등의 이유로 감옥에 갇혀 있는 사람들을 구하기 위해 설립된 세계 최대의 민간 인권 운동 단체예요. 국제 앰네스티 조사관은 각 나라를 방문해 인권을 침해하는 일이 없는지 조사하는 일을 해요. 2008년 우리나라에서 광우병 관련 촛불 집회가 열렸을 때 경찰의 인권 침해를 조사하기 위해 국제 앰네스티 조사관이 우리나라를 방문하기도 했어요.

해외 봉사단원

아프리카나 아시아 같은 제3 세계의 개발 도상국 또는 경제적으로 어려운 나라에 파견되어 사람들에게 도움을 주는 일을 해요. 기술과 개발 경험을 전해 주어 소득을 높이게 도와주고, 생활 환경도 보다 살기 좋게 개선할 수 있도록 도움을 주지요. 상대 나라와 문화적으로 교류해서 국민 공감대를 형성하는 것도 해외 봉사단원의 주된 활동이에요. 한국국제협력단, 한국해외봉사단원연합회, 국제청소년연합 등 다양한 단체에서 파견하고 있어요.

긴급 구호 요원

지진, 해일, 전쟁 등 긴급 구호가 필요한 일이 생겼을 때 가장 먼저 달려가 도와주는 사람이에요. 긴급 구호 팀이 따로 있는 몇몇 NGO를 제외하면 주로 해외 원조를 하는 단체들에 소속되어 일하지요. 긴급 재난 상황이 발생하면 긴급하게 모금 운동을 벌이는 것은 물론, 현장으로 달려가 구호 활동을 벌여요.

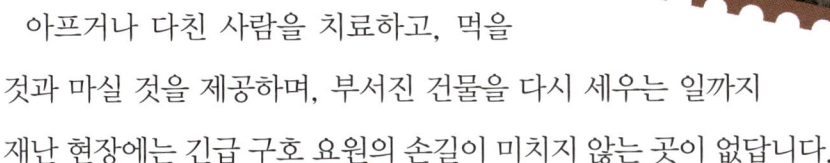

아프거나 다친 사람을 치료하고, 먹을 것과 마실 것을 제공하며, 부서진 건물을 다시 세우는 일까지 재난 현장에는 긴급 구호 요원의 손길이 미치지 않는 곳이 없답니다.

국제기구 친선 대사

친선 대사는 국제기구뿐만 아니라 국가 및 지역, 단체가 문화 교류를 높이기 위해 임명하는 직책이에요. 그중에서도 국제기구 친선 대사는 국제연합 같은 국제기구에서 국제적인 문화 캠페인 같은 것을 벌일 때 이를 널리 알리는 일을 하지요. 주로 이름이나 얼굴이 잘 알려진 유명인, 또는 연예인이 맡는 경우가 많아요.

스포츠 종목에서는 세계적인 축구 선수들이 국제기구 친선 대사를 맡는 경우가 많아요. 우리나라의 피겨 여왕 김연아 선수는 2010년 유니세프 친선 대사로 임명되기도 했답니다.

세계를 변화시키는 국제 활동가가 되고 싶어요!

국제기구에서 일하는 한국 사람이 별로 없다면서요?

지구촌 인재들이 한자리에 모인다는 국제기구에서 활동하는 한국 사람의 숫자는 얼마나 될까요? 아쉽게도 굉장히 적어요.

국제연합만 살펴보아도 우리나라는 국제연합의 분담금(나누어서 부담하는 돈) 서열로는 11번째이지만 한국인 직원 수는 323명으로, 분담금 대비 2.2%밖에 되지 않아요.

이처럼 국제기구에서 일하는 한국 사람의 수가 적은 것은 왜일까요? 그 이유는 한국의 국제적 위상과 개개인의 실력이 낮기 때문이 아니라, 국제기구가 추구하는 사명을 성취하려는 한국 사람들의 열정과 도전 정신이 부족하기 때문이라고 해요.

물론 세계 사람들의 존경을 받으며 국제기구의 높은 자리에 올라선 한국 사람도 있어요. 국제연합 사무

반기문과 이종욱, 두 분 모두 국제기구 회원국들의 자발적인 존경과 지지를 받아 뽑혔다는 점에서 의미가 더욱 커요.

반기문 국제연합 사무총장

총장을 연임하고 있는 반기문 사무총장과, 한국 사람 최초로 2003년 세계보건기구 사무총장으로 뽑힌 이종욱 박사가 대표적이지요.

이분들처럼 세상을 변화시키는 일을 하는 국제기구 구성원들에게 가장 필요한 것은 재능과 실력이 아니에요. 세상을 변화시키겠다는 꿈과 포부 그리고 이를 성취하기 위한 열정을 갖추는 것이 더 중요해요.

여러분, 지금 당장 인터넷 창을 열어 환경과 빈곤, 여성, 인권, 군비 축소 등 분야별 국제기구를 찾아 각각의 설립 목적과 사명, 주요 활동 등을 알아보세요. 그리고 국제기구의 리더가 된 미래의 자기 모습을 상상하며 취임사를 작성하고, 가장 먼저 추진하고 싶은 프로젝트를 기획해 보세요. 더 나아가 국제기구 홈페이지 대표자 소개에 자신의 얼굴과 프로필이 소개될 미래를 꿈꾸어 보세요!

당분간 한국 사람은 국제연합 사무총장이 되기 어렵다고요?

우리나라의 외교부 장관으로 활동했던 반기문 장관이 국제연합 사무총장으로 뽑힌 뒤, 국제연합에 대한 어린이들의 관심이 높아지고 있어요. 제2의 국제연합 사무총장을 꿈꾸는 어린이도 많아졌지요. 하지만 한국에서 국제연합 사무총장이 한 번 나온 이상 앞으로 100년 이내에는 한국 사람이 국제연합 사무총장으로 뽑히기는 어려워요. 그 이유는 다음과 같아요.
국제연합 사무총장이란 자리는 대륙별, 국가별로 돌아가면서 맡게 되어 있어요. 따라서 현재 아시아에 속한 한국 국적의 반기문 사무총장의 임기가 끝나고 다시 아시아 대륙으로 순번이 돌아오는 데는 수십 년의 시간이 걸리지요. 그리고 수십 년 뒤 다시 아시아에 기회가 온다고 하더라도, 아시아에는 수많은 나라가 있기 때문에 수백 년이 지나야 다시 한국에 기회가 돌아온답니다.

5장 세계를 변화시키는 국제 활동가가 되고 싶어요!

국제기구 직원이 되려면 어떻게 해야 해요?

국제기구의 직원이 되려면 각 국제기구에서 제시하는 조건을 갖춘 뒤, 시험을 보거나 면접을 거치면 돼요.

국제연합을 비롯한 국제기구에서 직원을 뽑는 방법에는 여러 가지가 있지만, 일반적인 채용 과정은 다음과 같아요.

먼저 해당 국제기구에 빈자리가 생기면 국제적으로 공고가 나요. 해당 국제기구 웹 사이트에서 채용 정보를 확인할 수 있지요. 그 자리에 해당하는 학력이나 경력을 가졌다면 공고문에 나온 대로 직접 응모하면 돼요. 대개 온라인 접수로 진행되는 경우가 많아요. 응모 기간은 보통 4주 정도이지만, 될 수 있으면 빨리 응모하는 것이 좋아요. 서류 심사를 걸쳐 최종 면접을 통과하면 거의 채용되었다고 볼 수 있어요. 경우에 따라 최종 면접 전에 필기 시험을 보기도 해요.

① 빈자리 공고 — 빈자리가 생겼다는 공고가 국제기구 채용 홈페이지에 실리거나 회원국 정부 및 관련 기관에 알려져요.

② 응모 — 해당 국제기구에서 필요로 하는 학력이나 경력을 가졌다면 직접 응모해요. 보통 온라인으로 응모할 수 있어요.

③ 서류 전형 — 해당 국제기구에서 원하는 조건을 갖추었는지 서류로 심사해요.

④ 최종 면접 — 해당 국제기구의 면접관과 직접 만나 면접을 보아요. 최종 면접을 보기 전 필기 시험을 보는 경우도 있어요.

국제기구의 직원이 되기 위한 조건

대학교와 대학원에서 전문 지식을 열심히 공부해야 해요

자신이 세계를 위해 기여하고 싶은 분야를 정하고, 해당 분야에 대해 전문적인 지식을 쌓기 위해 공부를 해야 해요.

전문 지식을 바탕으로 관련 경험과 경력을 쌓아야 해요

대학교에서 공부한 것만 가지고는 국제기구에서 일하는 데 한계가 있어요. 국제기구에서는 관련 업무에 관한 다양한 경험과 경력을 가진 사람을 선호한답니다.

어학 능력은 필수예요

영어는 반드시 할 수 있어야 하며 국제연합에서 공통으로 쓰이는 프랑스 어, 스페인 어, 중국어, 러시아 어, 아랍 어 등을 할 수 있으면 큰 도움이 되지요.

신체가 건강해야 해요

세계 곳곳의 열악하고 위험한 환경에서 일할 수도 있는 만큼, 건강한 정신과 건강한 신체가 무엇보다 중요해요.

뜨거운 열정이 있어야 해요

세계 곳곳의 낯선 환경 속에서 외국인들과 함께 일한다는 것은 정말 쉽지 않아요. 따라서 세상을 변화시키고자 하는 열정을 가지고 있어야 하지요.

무엇보다 '소명 의식'이 필요해요.
왜 국제기구에서 일하고 싶은지 세상에 당당히 말할 수 있는 소명을 찾아야 해요.
어린이의 눈높이에서 국제기구의 활동을 체험할 수 있는 단체에 자원 봉사자로 참여하는 것도 소명을 찾는 한 가지 방법이 될 수 있지요.

이렇게 빈자리가 생겼을 때 지원하는 방법 외에도 국제기구의 직원이 될 수 있는 방법은 다양해요. 각 나라와 국제기구에서는 수습 직원 또는 인턴을 뽑거나, 젊은 전문가를 기르기 위한 다양한 제도를 운영하고 있어요. 각 제도나 프로그램별로 약간의 차이는 있지만 만 30세 이하부터 최대 만 35세까지의 젊은이로 지원 대상을 제한하고 있지요.

국제기구 초급 전문가 제도(JPO)

국제 전문가를 키우고 국제기구에 도움을 주기 위해 각 나라에서 국제기구에 최대 2년간 수습 직원으로 파견하는 제도예요. 비용은 나라에서 대며 정식 직원과 똑같은 조건으로 일하지요. 수습 기간이 끝난 뒤 정규 직원으로 채용되는 경우가 많아요.

젊은 전문가 프로그램(YPP)

국제연합 사무국, 국제연합개발계획, 국제연합아동기금(UNICEF) 등 각 국제기구가 별도로 실시하는 프로그램이에요. 국제기구에서 수습 직원으로 근무한 뒤 정규직으로 전환될 기회가 있다는 점에서 JPO와 비슷하지만 비용을 국제기구에서 댄다는 점은 달라요.

국제기구 인턴십

국제기구의 정식 직원이 되기 전에 훈련을 받는 제도로, 국제기구 진출을 위한 첫걸음이라고 볼 수 있어요. 전문 분야 경력이 부족한 대학생들이 국제기구 근무가 자신의 적성에 맞는지 국제연합 사무국, 국제연합개발계획(UNDP), 세계노동기구(ILO), 국제통화기금(IMF) 등에서 미리 경험해 볼 수 있는 좋은 기회가 된답니다.

국제연합 봉사단원

전 세계 개발 도상국 현지에서 개발, 교육, 의료, 정보 통신 기술, 평화 유지 등 다양한 분야에서 일하는 봉사자를 뜻해요. 관련 대학을 졸업하거나 최소 2년 이상의 관련 분야 경력을 가진 경우, 전문 기술 자격증이 있는 경우, 영어·불어·스페인 어를 잘하는 경우 등에 해당되면 지원할 수 있어요. 자신의 전문성을 살려 국제 사회에 도움을 주며 봉사할 수 있는 기회라고 할 수 있지요.

국제기구 직원 VS 각 정부 파견 공무원

한국 정부 소속 공무원이 된 다음 국제기구에 파견되어 일할 수도 있어요. 하지만 이 경우 정식 국제기구 직원과는 차이가 있어요. 한국 외교관 신분으로 국제기구에 파견되어 근무하는 것이기 때문에 한국 정부에서 부르면 언제든 한국으로 돌아가야 해요. 반면에 국제 공무원인 정식 국제기구 직원은 직무를 수행할 때 그 어떤 나라로부터도 지시와 간섭을 받지 않아요. 만약 국제기구 직원이 각자 자기 나라 정부의 지시를 받고 일을 한다면 어떻게 될까요? 갈등과 분쟁, 충돌이 생겨 업무를 제대로 수행할 수 없게 될 거예요. 이 때문에 국제연합 헌장 100조는 국제기구에 소속된 모든 국제 공무원은 소속 기관 외에 그 어떤 정부에게서도 지시를 받지 않도록 정하고 있답니다.

모의 유엔 회의에 참가해요

2009년 8월 국제연합이 주최한 청소년 환경회의가 한국에서 열렸어요. 전 세계 106개국에서 각 나라 대표로 선발된 약 1천 명의 청소년들이 한자리에 모여 '기후 변화, 우리의 도전'이라는 주제로 열띤 토론을 하는 행사였지요. 세계 각국의 청소년 리더로 선정된 학생들은 환경을 주제로 신문을 만들거나 다양한 모의 유엔 회의를 진행하면서 지구 온난화에서 지구를 구할 수 있는 다양한 아이디어를 생각해 냈어요. 그리고 전 세계 청소년들이 협력해서 이를 실행할 수 있는 활동 프로그램에 대해서 의견을 나누었지요.

그런데 이날 열린 모의 유엔 회의에서 유독 우리나라의 청소년들은 꿀 먹은 벙어리였다고 해요. 대륙별 모의 회의에서 북미, 유럽, 남미 지역의 학생들은 주도적으로 의견을 내며 열띤 토론을 벌였어요. 그런 반면에 아시아 태평양 지역 모의 회의에 참가한 우리나라 학생들은 꿀 먹은 벙어리처럼 침묵해서 사회자가 회의 전체를 주도했다고 해요.

이렇게 우리나라 학생들이 다른 나라 학생들에 비해 발표 능력이 떨어지는 이유는 무엇일까요? 이는 수능시험과 내신에만 집중하는 우리나라 교육 상황에서 비롯되었다고 볼 수 있어요. 다행히 최근 들어 지방자치단체와 각 대학, 국제기구, 청소년 단체 협의회 등에서 청소년들을 글로벌 리더로 키우기 위해 전 세계에서 열리는 모의 유엔 회의에 내보

내는 프로젝트를 적극적으로 추진하고 있지요.

　국제기구에 진출해 세계 사람들을 대상으로 전 지구적인 문제에 대한 자신의 주장을 당당히 말하기 위해서는 어떤 준비가 필요할까요? 어린 시절부터 이런 문제를 다룬 다양한 자료를 접해야 해요. 그리고 당당하게 자신의 의견을 밝히며 회의를 주도할 수 있는 영어 실력 또한 쌓아야 한답니다.

세계 여러 나라의 참가자들은 기후 문제 해결에 대한 다양한 의견을 내며 열띤 토론을 벌였다. 이에 반해 영어 시험에만 집중해 영어 토론 능력을 키우지 못한 한국 참가자들은 꿀 먹은 벙어리로 일관해 안타까움을 샀다.

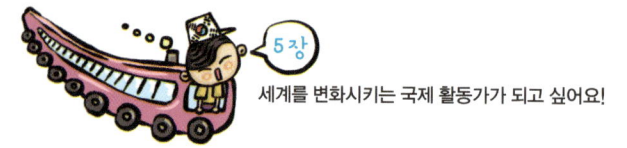

세계를 변화시키는 국제 활동가가 되고 싶어요!

미국 대통령을 인터뷰한 초등학생이 있다고요?

2009년 미국의 초등학교 방송국 기자인 11살 데이먼 위버가 미국 대통령 오바마와 인터뷰를 해서 화제가 되었어요. 그동안 위버는 미국의 부통령과 상원 의원, 힐러리 클린턴 국무 장관, 토크 쇼의 여왕인 오프라 윈프리, 세계 최대 인터넷 기업 구글의 대표 이사인 에릭 슈미트 등과 인터뷰를 했어요. 그리고 이렇게 인터뷰한 동영상을 학교 방송국뿐만 아니라, 세계적인 동영상 사이트인 유튜브에 올려 전 세계 네티즌들과 공유했지요.

초등학생이 미국 대통령과 인터뷰하기란 결코 쉽지 않아요. 하지만 위버는 끝내 목표를 이루었어요. 오바마 대통령과 인터뷰를 하고 싶다는 뜻을 인터넷 동영상에 올리고 대통령 취임식에도 참석하는 등 열심히 노력을 기울인 결과였지요. 위버는 "초등학생이 뭘 할 수 있겠어?"라는 다른 사람의 시선이나 편견에 좌우되지 않고, 용기 있게 세상을 변화시키고 있는 작은 거인이에요.

여러분도 세상을 변화시키는 발걸음을 옮기고 있는 위버처럼 작은 거인이 될 수 있어요. 그 방법의 하나로 사이버외교사절단 반크에서 펼치고 있는 인터뷰 프로젝트에 참여해 보세요.

이 프로젝트는 전 세계 국제기구의 대표들과 국제적 단체들을 사이버 상에서 인터뷰하는 거랍니다. 어렵게 생각된다면 반크 회원들이 전 세계의 국제기구 담당자들에게 이메일로 인터뷰한 내용을 참고하면 도움이 될 거예요.

▶ 국제기구 및 국제 단체와 인터뷰하기

전 세계의 국제기구 웹 사이트

전 세계의 국제기구를 온라인으로 인터뷰하려면 각 국제기구에서 하는 일과 담당자에 대한 정보를 알아야 해요. 국제연합에서는 전 세계의 국제기구에 대한 정보와 담당자 연락처를 제공하고 있고, 우리 외교부에서도 국제기구의 구직 정보를 제공하고 있지요. 국제기구 담당자를 인터뷰하고 싶거나, 국제기구 채용에 대해 궁금한 것이 있다면 바로 연락해서 물어보세요.

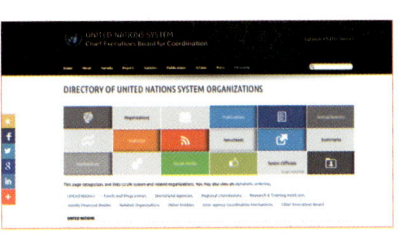

국제연합 국제기구 정보 제공 사이트

국제연합 국제기구 정보 제공 사이트 http://www.unsystem.org
한국 외교부 국제기구 인사센터 사이트 http://www.unrecruit.go.kr
구글(www.google.com) 같은 해외 검색 엔진에서 'United Nations Organizations'를 입력해서 직접 검색

나도 외교관!

실전! 모의 유엔 회의 참가

이산화탄소 등의 온실가스 증가로 생긴 지구 온난화는 지구촌 최대의 환경 이슈예요. '우리나라도 선진국과 같이 온실가스 배출을 의무적으로 감축해야 할까?'를 주제로 사이버외교사절단 반크의 회원들이 찬성, 반대로 나뉘어 모의 유엔 회의를 열어 보았어요.

찬성

우리가 지금 쓰고 있는 석유, 석탄 같은 화석 원료는 언젠간 바닥날 거예요. 따라서 모든 선진국은 물론 우리나라도 개발 중인 대체 에너지를 더 열심히 연구하고, 온실가스를 더 줄이기 위해 노력해야 해요.

아직 준비가 부족하고 앞으로 온실가스를 감축하려면 큰 비용이 들겠지만, 현재 우리나라의 국제적 위상으로 볼 때 온실가스 감축을 하는 게 맞다고 생각해요.

온실가스 감축은 우리나라의 지속적인 경제 발전을 위해서 반드시 이루어져야 해요. 당장 선진국 수준으로 줄이기는 어렵더라도 정부가 이에 대한 국민들의 공감대를 형성하기 위해 노력해야 한다고 생각해요.

여러분의 생각은 어떤가요? 현재 지구촌 최대 환경 이슈인 온실가스 배출 감축 문제는 우리나라가 선진국과 개발 도상국 사이에서 국제적 리더십을 발휘할 수 있는 기회예요. 이 기회를 잘 활용한다면 우리나라는 지구 온난화 문제뿐만 아니라 다른 지구촌 문제까지 해결해 나갈 수 있는 국제적 리더십을 얻게 될 거예요.

선진국들은 그동안 온실가스를 마구 배출한 것에 대한 책임을 져야 해요. 선진국이 아닌 우리나라가 현재 선진국 수준으로 감축한다면 선진국은 우리보다 더 많이 감축해야 옳지 않을까요?

우리나라 경제는 아직도 굴뚝 산업의 대표라고 할 수 있는 조선, 자동차 등의 산업 위주로 굴러가고 있어요. 이 회사들이 온실가스를 줄이기 위한 연구에 돈을 투자하면 자동차 등의 제조 단가가 올라가서 가격 경쟁력이 떨어질 거예요. 그럼 수출과 나라 경제에도 영향이 있을 거고요. 따라서 온실가스 감축은 이르다고 생각해요.

우리나라의 현재 경제 상황과 수출, 수입 과정을 볼 때, 온실가스 배출을 줄이는 것은 조금 더 경제가 발전한 뒤에 생각해야 할 문제가 아닐까요?

모의 유엔 회의 필수 영어 표현

지구촌 문제를 주제로 한 모의 유엔 회의에서 자주 사용되는 영어 토론 표현들이 있어요. 알아 두면 앞으로 모의 유엔 회의에서 세계 사람들을 상대로 자신의 의견을 당당히 말할 수 있을 거예요.

토론을 처음 전개할 때
- To begin with, I would like to say that~.
- I would like to say that~.

문제에 대한 해결책을 유도할 때
- What can we do about~?
- How can we~?

문제에 대한 나의 생각을 표현할 때
- I would say~.
- I think that~.

상대방의 의견을 물어볼 때
- What is your opinion about~?
- What do you think about it?

다른 사람이 말한 것에 대해 질문할 때
- May I ask a question?

어떤 부분에 대해 강조할 때
- I want to point out that~.
- I would like to emphasize the fact that~.

다른 사람의 의견에 대해 동의할 때
- I agree to your idea.
- That's a good idea.

다른 사람의 의견에 대해 동의하지 않을 때

- I disagree with you.
- I differ from you.

상대방의 의견을 중단시킬 때 (토론의 본질에서 벗어난 주제일 경우)

- Sorry for interrupting, but~.
- Excuse me for interrupting, but~.

중단 요청이 들어왔지만 계속 말하고 싶을 때

- Just let me finish my point, I'll get back to you.
- Please let me finish.

다른 사람의 의견에 대해 오류를 지적할 때

- I think you are missing the point.
- I think some of you are missing the point.

다른 사람이 말한 내용에 대해 보충 설명을 요구할 때

- Could you explain that in more detail?
- Could you be more specific?

내가 앞서 말한 내용에 대해 보충 설명을 할 때

- What I'm trying to say is~.
- What I'm saying is~.

토론을 마치고 결론을 내릴 때

- Before we close, let me summarize the main points.

6장 국제 무대에서 우리나라를 빛낸 영웅들 이야기

세계에서 가장 큰 국제기구인 국제연합의 사무총장은
바로 우리나라 사람이에요. 반기문 사무총장이 그 주인공이지요.
이렇게 세계적인 국제기구의 수장을 맡은 우리나라 사람으로는
전 세계인의 건강을 책임지는 세계보건기구의 이종욱 전 사무총장,
세계 평화와 정의에 앞장서는 송상현 국제형사재판소장,
개발 도상국의 경제 성장을 돕는 김용 세계은행 총재를 들 수 있어요.
또한 빛나는 우리 문화유산을 되찾은 박병선 박사와
아프리카의 성자 이태석 신부도 우리나라를 빛낸 영웅이랍니다.

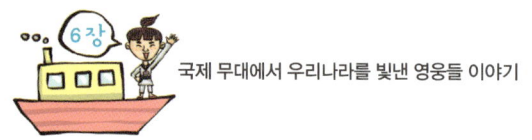

국제 무대에서 우리나라를 빛낸 영웅들 이야기

프랑스에서 문화유산을 되찾아 온 집념의 외교관, 박병선 박사

박병선 박사(1929~2011년)

1999년 미국의 대표적 시사 주간지인 〈타임〉을 비롯해 BBC, 〈워싱턴 포스트〉 등 세계 유명 언론들은 지난 1천 년 동안 인류 역사를 바꾼 가장 위대한 발명으로 금속 활자 기술을 선정했어요. 그리고 그동안 70억 세계인들은 세계 최초로 금속 활자를 만든 사람이 독일의 구텐베르크라고 알고 있었지요.

하지만 한 한국 사람의 열정으로 금속 활자 발명에 관한 세계 역사가 다시 쓰이게 되었어요. 그 주인공은 바로 박병선 박사예요. 박병선 박사는 1955년 프랑스로 유학 가서 1967년부터 13년 동안 프랑스 국립 도서관 사서로 일했어요. 어느 날 동료 사서가 '아주 오래된 동양 책'이라며 보여 준 책을 보고, 그것이 우리나라의 보물인 《직지》라는 것을 알게 되었지요.

《직지》의 원래 이름은 《백운화상초록불조직지심체요절》이에요. 이름이 너무 길어서 《직지》 또는 《직지심체요절》로 불려요. 이 책은 1372년 고려 공민왕 때 백운화상이 쓴 것을 1377년 청주 흥덕사에서 금속 활자로 인쇄한 책이에요. 프랑스의 한 골동품 수집가가 구입해 1950년경에 프랑스 국립 도서관에 기증했지요.

박병선 박사는 하루 세 끼 식사비를 아끼며 연구해서 《직지》가 1377

년에 발행된, 세계에서 가장 오래된 금속 활자본이라는 사실을 증명해 냈어요. 이는 1455년 발행된 구텐베르크의 《성서》보다 78년이나 앞선 것이지요. 2001년 마침내 유네스코는 《직지》를 세계 기록 유산으로 선정했어요.

박병선 박사는 프랑스가 빼앗아 간 우리 문화유산인 외규장각 도서를 되찾는 데도 큰 역할을 했어요. 외규장각 도서는 500여 년간 지속된 조선의 왕실과 국가 행사를 기록한 세계적 가치를 지닌 문화유산이에요. 프랑스는 외규장각 도서를 1866년 *병인양요 때 빼앗아 갔지요.

"한국 사람들의 영혼을 돌려주세요."

박병선 박사의 진심 어린 메시지는 프랑스 국민들을 움직였고, 마침내 2011년 외규장각 도서는 우리나라로 돌아왔어요. 박병선 박사는 나라를 위해 힘쓴 공을 인정받아 2007년과 2011년에 국민 훈장을 받았어요. 그러나 안타깝게도 직장암으로 투병하다 2011년 11월 세상을 떠났답니다.

병인양요는 조선 시대 말 흥선대원군이 천주교도를 죽이자, 이를 핑계로 프랑스 함대가 강화도로 쳐들어온 사건이에요.

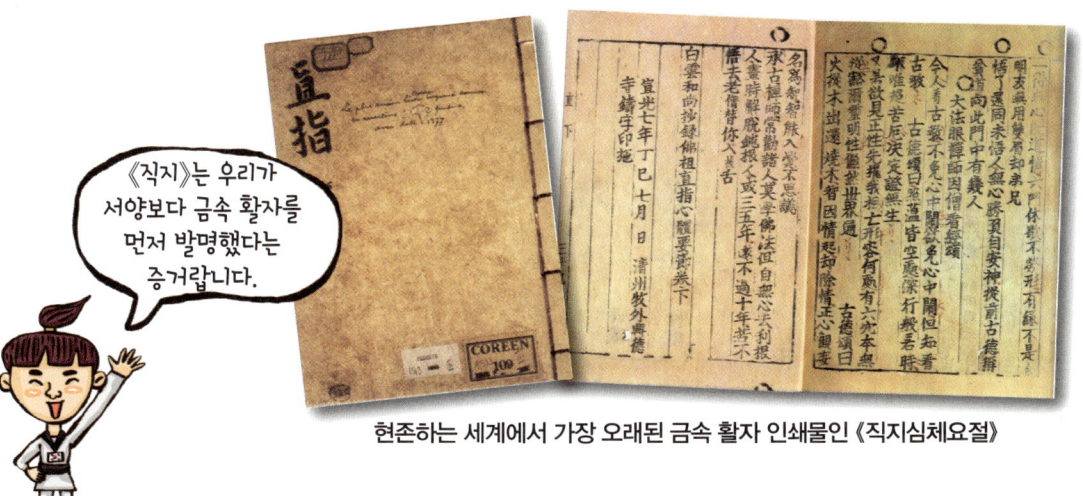

《직지》는 우리가 서양보다 금속 활자를 먼저 발명했다는 증거랍니다.

현존하는 세계에서 가장 오래된 금속 활자 인쇄물인 《직지심체요절》

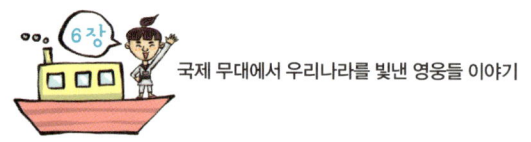

국제 무대에서 우리나라를 빛낸 영웅들 이야기

인류를 질병에서 구한 작은 거인, 이종욱 전 세계보건기구 사무총장

이종욱 전 세계보건기구 사무총장
(1945~2006년)

2006년 5월 22일 전 세계는 슬픔에 잠겼어요. 이종욱 세계보건기구 사무총장이 갑작스럽게 세상을 떠났기 때문이에요. 국제연합 사무총장 후보로 첫손가락에 꼽힐 만큼 전 세계인의 존경을 받았던 이종욱 사무총장은 일하다가 갑자기 쓰러졌어요. 뇌수술을 받았지만 끝내 숨을 거두고 말았지요.

이종욱 사무총장은 '인류를 질병에서 구한 작은 거인'이라는 평가를 받고 있어요. 160센티미터가 조금 넘는 작은 키였지만, 전 세계의 건강과 보건을 책임지는 국제기구의 가장 높은 자리에서 쉼 없는 노력과 열정으로 많은 사람들의 존경과 사랑을 받았지요.

이종욱 사무총장은 에이즈와 결핵, 소아마비, 조류 인플루엔자 등 질병을 퇴치하는 데 크게 기여했어요. 세계보건기구 백신 국장으로 일할 당시에는 소아마비에 걸리는 비율을 세계 인구 1만 명당 1명 이하로 떨어뜨리는 큰 성과를 올렸지요.

또한 기구의 돈이 부족해 질병 퇴치 사업이 어려워지자, 세계 최고의 소프트웨어 기업인 마이크로소프트의 빌 게이츠 등 세계적인 유명 인사들에게서 적극적인 후원 활동을 이끌어 냈어요. 덕분에 세계보건기구는 각종 질병을 퇴치하기 위한 다양한 사업을 추진할 수 있는 든든한 기반을 마련할 수 있었지요.

　이종욱 사무총장이 세계적인 존경을 받게 된 리더십의 비밀은 무엇일까요? 이종욱 사무총장은 의대를 다니는 내내 경기도의 나자로 마을에서 나병 환자를 진료했어요. 그리고 1983년 미국 하와이로 건너가 세계 보건기구에서 일하며 나병 퇴치 팀장, 질병 예방 관리 국장 등을 거쳐 사무총장이 되기까지, 오로지 세상의 아픈 사람을 위한 의료 봉사 활동에 온몸을 바쳤답니다.

　사람은 장례식 때 평소 어떻게 살았는지 알 수 있다고 하지요. 이종욱 사무총장의 장례식에는 무려 전 세계 140여 개국에서 온 국가 대표단이 참석해 "세계적인 지도자를 갑작스럽게 잃어 우리는 넋을 잃었다."라며 슬퍼했어요. 이종욱 사무총장의 유가족은 그를 통해 백신을 제공받아 생명을 구한 지구촌 모든 사람들이랍니다.

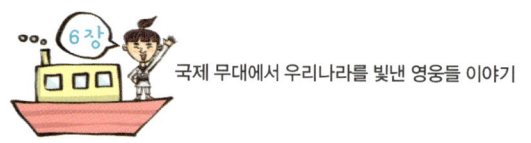

아프리카를 구한 대한민국의 영웅, 이태석 신부

이태석 신부(1962~2010년)

　슈바이처는 아프리카에서 의료 봉사를 하며, 병들고 지친 수많은 아프리카 사람들을 구한 훌륭한 의사이지요. 그런데 '한국의 슈바이처'라고 불리는 분이 있답니다. 바로 이태석 신부예요.

　이태석 신부는 전쟁과 가난, 질병으로 희망이 안 보이던 아프리카 수단 사람들을 위해 자신의 모든 것을 바치다 49세의 젊은 나이에 죽음을 맞이했어요. 이 소식이 알려지자 이태석 신부를 알던 수단의 수많은 사람은 빛을 잃은 양 울고 또 울었답니다.

　이태석 신부는 의대에서 의료 봉사 활동을 하며 아프리카 수단과 인연을 맺었어요. 수단에서의 이태석 신부는 영혼을 치료하는 신부이자, 아픈 사람을 고치는 의사였고, 학생들에게 꿈을 심어 주는 교사였어요. 또한 학생들을 학교로 실어 나르는 운전기사이자 학생들을 먹이는 요리사였으며, 학교와 병원을 짓는 건축가이자, 학생들에게 악기를 가르치는 음악가이기도 했지요.

　이태석 신부는 총과 칼로 사람을 죽이는 방법을 배우는 아프리카 수단의 어린이와 청소년을 위해 수단 최초로 학교를 세웠어요. 그가 세운 학교와 밴드부를 통해 수단의 많은 어린이와 청소년이 절망 대신 희망을 얻고, 남을 죽이는 직업이 아닌 남을 살리는 직업을 가지겠다는 새로운 꿈을 꾸게 되었지요.

이태석 신부의 삶은 〈울지 마 톤즈〉라는 다큐멘터리 영화로 만들어져 수많은 사람들에게 감동을 주었어요. 로마 교황청에서는 〈울지 마 톤즈〉를 전 세계의 대사와 이탈리아 정치인 등을 초청해 관람했어요. 또 교황청 산하 케이블 TV에서 방송하고 전 세계 수도원에서도 상영할 계획이라고 밝혔어요. 대한민국 외교부에서도 이태석 신부의 인류를 향한 봉사와 참된 희생 정신을 기억하고, 그처럼 세상을 변화시키는 해외 봉사자들을 격려하기 위해 '이태석 상'을 제정했지요.

어린이 여러분! 국제 무대에서 한국을 빛내는 리더가 되려면 국제기구에서 일하거나 외교관이 되는 방법만 있다고 생각하나요? 그렇지 않아요. 그런 직함이 없어도 이태석 신부처럼 세상을 변화시킬 수 있답니다.

우리나라를 방문한 남수단 밴드의 청소년들

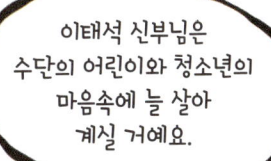

이태석 신부님은 수단의 어린이와 청소년의 마음속에 늘 살아 계실 거예요.

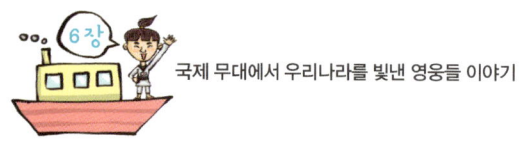

국제 무대에서 우리나라를 빛낸 영웅들 이야기

세계 평화를 위한 정의에 앞장서는
송상현 국제형사재판소장

송상현 국제형사재판소장(1941년~)

2011년 아시아·태평양 지역의 각국 법조인 900여 명이 모인 국제회의가 우리나라에서 열렸어요. 우리나라 법조계의 위상이 그만큼 국제 사회에 널리 알려지게 된 거예요.

우리나라 최초의 검사인 이준이 100여 년 전 네덜란드 헤이그에서 열린 만국 평화 회의에서 을사조약의 부당함을 널리 알리려고 했지만 실패했던 이야기를 알고 있지요? 그처럼 힘없는 나라였던 대한민국이 겨우 100여 년 만에 세계적인 국제회의를 개최하고 주도하는 나라가 된 것은 무척 감격스러운 일이에요. 또한 이런 국제적 행사를 시작하는 연설을 우리나라 사람인 송상현 국제형사재판소장이 맡은 것은 더욱 자랑스러운 일이고요.

2009년 송상현 국제형사재판소장은 한국 최초이자 아시아 최초로 당시 85개 회원국 중 65개국의 지지를 받아 국제형사재판소를 이끄는 수장이 되었어요. 또한 2012년 3월, 지난 3년간 조직을 성공적으로 이끈 점을 높이 평가받아 절대적인 지지로 다시 한 번 국제형사재판소장이 되었지요. 이처럼 송상현 소장이 국제 사법 기구 중 가장 큰 주목을 받고 있는 국제형사재판소의 수장직을 연달아 맡게 된 것은, 우리나라 외교부에서 나라의 명예라고 말할 정도로 자랑스러운 일이에요.

송상현 소장은 언론 인터뷰에서 우리나라의 꿈나무들에게 자신처럼 국제기구에 적극적으로 도전하라고 강조했어요. 2011년 기준으로 국제형사재판소의 122개 회원국 가운데 한국은 9번째로 많은 분담금을 내고 있지만, 국제형사재판소 직원 1천여 명 중 한국 사람은 단 한 명뿐이라고 해요. 송상현 소장은 한국의 꿈나무들이 국제기구에서 일하려는 꿈을 가져야 한다고 말했답니다.

어린이 여러분! 미래에 검사나 변호사가 되어 법과 정의를 지키고자 한다면 한국을 넘어 더 큰 꿈을 꾸어 보세요. 국제 무대에서 세계 정의를 지키는 리더가 되는 꿈을 말이에요.

국제형사재판소(ICC)

국제형사재판소는 전 세계에서 발생하는 침략 전쟁, 집단 학살, 국제 범죄 등에 대해 범죄를 저지른 개인을 처벌하고, 국가를 뛰어넘어 재판을 수행하기 위한 국제 재판소예요. 2002년 네덜란드 헤이그에 설치되었지요. 그동안 수단, 콩고 민주 공화국, 우간다 등에서 발생한 다양한 전쟁, 국제 범죄 등에 관여해 왔어요. 국제형사재판소는 특히 전쟁이 끝난 뒤 사법 제도를 다시 세워, 독재자가 다시는 권력을 잡을 수 없는 환경을 만들기 위해 노력하고 있어요.

국제형사재판소 상징

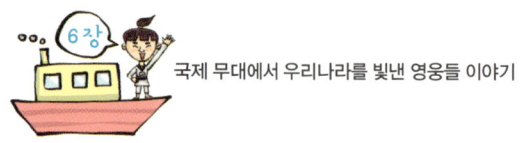

국제 무대에서 우리나라를 빛낸 영웅들 이야기

회원국의 만장일치로 연임에 성공한
반기문 국제연합 사무총장

반기문 국제연합 사무총장(1944년~)

2011년 6월 반기문 국제연합 사무총장은 192개국에 달하는 회원국의 만장일치로 연임에 성공했어요. 연임은 어떤 일을 맡는 기간인 임기를 다 마친 뒤에 다시 계속해서 그 일을 맡는 것을 말해요. 이로써 반기문 사무 총장은 2016년 말까지 세계 평화를 지키는 역할을 하게 되었지요.

반기문 사무총장의 연임은 개인 혼자만의 명예가 아니에요. 국제 무대에서 우리나라의 국가 이미지를 높이는 데 큰 역할을 했답니다.

각 나라 최고의 외교관들과 국제 전문가들이 한자리에 모이는 국제연합에서 연임에 성공한 반기문 사무총장의 리더십의 비밀은 무엇일까요? 반기문 사무총장은 드러내지 않고 차분히 일하는 업무 스타일 때문에 처음에는 "강력한 리더십이 없다." 또는 "존재감이 없다."라는 비판을 받았어요. 하지만 이런 오해에 대해 "그렇지 않다."라고 말하기보다는 자신의 철학을 행동으로 꾸준히 증명함으로써 리더십을 발휘해 나갔답니다.

한 예로 2008년 5월 열대성 태풍인 사이클론이 미얀마를 강타해 최악의 재해가 발생했을 때의 일을 들 수 있어요. 당시 미얀마 군부가 외국의 구호 활동을 막아 50만 명 이재민의 생명이 위태로워지는 긴박한 상황이 벌어졌지요. 이때 반기문 사무총장은 미얀마 군부를 끈질기게 설득하고 협상한 끝에, 국제 사회의 원조와 지원을 받아들이게 했어요. 덕분에 수많은 사람들이 생명을 구할 수 있었어요.

세계 평화를 향한 반기문 사무총장의 이와 같은 묵묵한 발걸음에 세계 사람들은 적극적인 지지를 보냈고, 그 결과 국제연합 사무총장을 다시 한 번 맡는 명예가 주어진 거예요.

그렇다면 세계적으로 존경받는 반기문 사무총장처럼 되기 위해 가장 필요한 것은 무엇일까요? 바로 꿈이에요. 반기문 사무총장은 이전에 한국을 대표하는 외교관으로 활동했는데, 외교관이라는 꿈을 꾸게 된 동기가 바로 초등학교 시절에 외교부 장관의 특강을 들었던 것이라고 해요. 그래서 열심히 공부해서 고등학교 때 영어 웅변 대회에서 입상해 미국에 가게 되었고, 당시 미국 대통령인 존 F. 케네디를 만나는 기회를 얻을 수 있었어요. 케네디 대통령이 "당신의 꿈은 무엇이냐?"라고 묻자 자신의 꿈은 외교관이라고 말했다고 해요.

반기문 사무총장의 어린 시절 꿈은 오늘날 세계를 변화시키는 평화 대통령인 국제연합 사무총장이 됨으로써 이루어졌어요. 미래 외교관을 꿈꾸는 어린이 여러분도 꿈을 향해 끊임없이 노력하며 한 발 한 발 앞으로 나아가 보세요!

> 반기문 사무총장은 어린 시절의 꿈을 이루기 위해 열심히 노력했어요. 그래서 꿈이 그냥 꿈으로 끝나지 않고 현실로 이루어진 거예요.

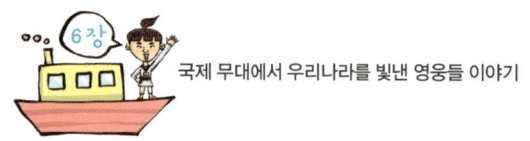
국제 무대에서 우리나라를 빛낸 영웅들 이야기

개발 도상국의 경제 성장을 도와 세계를 변화시키는
김용 세계은행 총재

김용 세계은행 총재(1959년~)

한국계 최초로 미국 명문 대학 총장이 되어 미국에서 한국 사람의 위상을 높였던 김용 다트머스대학교 총장이 2012년 7월 1일 세계은행 총재로 취임해서 큰 화제가 되었어요. 세계은행은 제2차 세계 대전 후에 황폐화된 나라들의 재건에 필요한 자금을 지원해 주기 위해 만들어졌어요. 이후 세계의 빈곤을 없애기 위해 노력하고 있으며, 개발 도상국의 산업과 경제 개발을 위한 자금을 빌려 주고 직접 투자하는 일을 하는 국제 금융 기관이에요. 이러한 세계은행 총재에 아시아 사람이 취임한 것은 세계은행이 세워진 이래 최초랍니다.

김용 총장이 세계은행 총재가 되는 데 큰 도움을 준 사람은 바로 미국의 오바마 대통령이에요. 세계은행 총재를 임명하는 데 가장 큰 영향력을 가진 미국 대통령 오바마가 김용 총장을 지명했거든요.

하지만 〈파이낸셜 타임스〉, 〈월 스트리트 저널〉 같은 일부 서구 언론들은 김용 총장이 세계은행 총재가 되는 것을 꺼려하는 국제적 여론을 만들어 나갔어요. 김용 총재에게 세계 경제나 금융 관련 업무 경험이 없어서 세계은행을 경영하는 데 어려움이 따를 것이라는 것이 그 이유였지요.

하지만 세계의 많은 전문가들은 김용 총재의 손을 들어 주었어요. 이들은 김용 총재가 오랜 기간 동안 경제적으로 어려운 나라의 의료 시스템 변화를 위해 노력한 것과 1987년 비영리 의료 단체인 '파트너스 인 헬스'를 세워 결핵과 에이즈 퇴치 사업에 많은 노력을 기울인 것을 높이 평가했지요. 특히 김용 총재는 세계보건기구에서 일할 당시 3년간 무려 100만 명이 넘는 에이즈 환자에게 백신을 공급하며 질병 퇴치 운동을 전개했어요. 이러한 활동 덕분에 김용 총재는 세계의 빈곤 퇴치를 위해 노력하는 국제 금융 기구를 총괄할 만한 자격을 가지고 있다고 평가받았어요. 그리고 결국 아시아 최초로 세계은행 총재의 자리에 당당히 올라섰지요.

김용 총재는 취임식에서 이렇게 말했어요.

"제가 부모를 따라 미국에 처음 이민 왔을 때만 해도 많은 미국 사람들이 전쟁으로 폐허가 된 한국이 다시 일어서는 것은 불가능하다고 말했습니다. 하지만 오늘날 한국이 어떻게 변했는지 보십시오. 나는 아프리카를 비롯한 전 세계 어떤 나라든지 한국과 같은 경제 발전을 이룰 수 있다고 믿습니다."

> 세계은행은 개발 도상국의 개발 문제를 해결하기 위해 전 세계 정부, 과학자, 학자, 민간 단체 그리고 각 나라 국민들이 함께 힘과 지혜를 모으고, 이를 통해 세상을 변화시키는 국제기구예요.

어린이 여러분도 김용 총재처럼 주변 사람들의 편견, 질투, 시기를 이겨 내고 자신의 꿈을 이루었으면 좋겠어요. 자기 혼자만의 꿈을 넘어 지구촌 사람들에게 희망을 주는 국제적 리더가 되겠다는 꿈을 키워 보세요.

나도 외교관!

국제 무대에서 우리나라의 대표가 되려는 어린이들에게

우리나라를 빛낸 분들의 뒤를 이어, 앞으로 수십 년 뒤 국제 무대에서 우리나라를 대표하는 사람이 되고 싶어 하는 어린이 여러분에게 들려주고 싶은 이야기가 있어요. 그것은 바로 여러분의 꿈을 더욱더 빛나게 해 줄 우리나라의 잠재력과 가능성에 대해 먼저 눈을 뜨라는 거예요.

국제 정치의 중심인 우리나라의 위치

우리나라의 위치부터 살펴볼까요? 우리나라는 러시아와 아시아 대륙, 태평양의 중간에 다리처럼 놓여 있어요. 대륙과 해양의 문화가 만나는 한가운데에 위치하고 있지요. 또한 중국의 공산주의, 미국의 자본주의가 대립하는 곳에서 중간 역할을 하는 국제 정치의 중심이기도 해요. 중국과 일본, 러시아 그리고 바다 건너 미국까지 세계 4대 강국의 한가운데에 놓여 있기 때문이지요. 그래서 정치·경제·문화적으로 매우 중요한 위치를 차지하고 있어요.

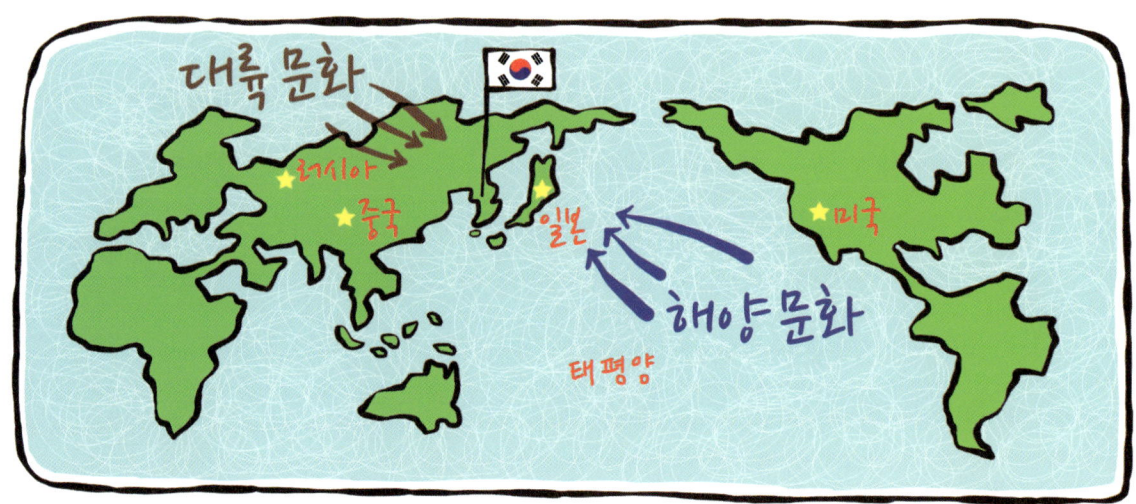

초고속 인터넷 환경이 발달한 우리나라

우리나라는 초고속 인터넷 통신망이 잘 발달되어 있고 가입자 수도 무척 많아요. 또 대부분이 스마트폰을 가지고 있어서 손 안에서 즉시 인터넷에 접속할 수 있지요. 국내 포털 사이트를 검색하는 데만 그치지 말고 해외 웹 사이트를 클릭해 보세요. 해외 유명 대학의 강의를 들을 수도 있고, 비싼 어학 연수나 글로벌 캠프에 가지 않고도 외국인 친구와 실시간으로 대화를 나눌 수 있답니다. 이처럼 시간과 공간을 뛰어넘은 인터넷 환경이 발달한 것은 우리나라의 큰 힘이에요.

사이버외교사절단 반크에서 주최한 어린이 외교 대사 발대식

세계의 전문가들이 그리는 우리나라의 미래

세계적인 투자 기관 골드만삭스는 우리나라의 1인당 국민 소득이 2030년에는 세계 3위, 2050년에는 미국에 이어 세계 2위가 될 거라고 내다보았어요. 프랑스의 한 학자는 2050년 우리나라의 수도 서울이 아시아 국가 연합의 수도가 될 거라고 말했고요. 물론 우리나라의 전망을 나쁘게 보는 의견도 많아요. 어떤 보고서에서는 우리나라가 앞으로 중국에 속하게 될 거라고 예측해요. 중국과 일본 사이에 끼여 샌드위치 신세를 면치 못할 거라고 보는 의견도 있지요. 두 갈래의 갈림길. 30년 뒤 우리나라의 미래는 어떻게 될까요? 우리의 노력에 따라 어느 쪽으로 정해질지가 결정되겠지요.

아시아의 중심에 위치한 한반도의 장점과 세계 최강의 인터넷 통신망을 잘 활용하세요.

7장
우리나라 역사 속 최고의 외교관 이야기

세계를 변화시키는 글로벌 리더를 꿈꾸는 어린이들 중에는
자신이 본받아야 할 사람을 외국에서 찾는 어린이가 많아요.
빈곤 퇴치 운동으로 노벨 평화상을 수상한 무함마드 유누스 그라민은행 총재,
세계 환경 운동으로 노벨 평화상을 수상한 엘 고어 미국 전 부통령,
막대한 돈을 들여 아프리카 질병 퇴치를 도운 빌 게이츠 등을 손에 꼽지요.
하지만 알고 보면 우리 역사 속에도 오늘날 지구촌의 문제를 해결할 수 있는
국제 외교의 멘토(현명하고 믿을 수 있는 스승)가 많답니다.

7장 우리나라 역사 속 최고의 외교관 이야기

영토 상실의 위기를 영토 확장의 기회로 바꾼
뛰어난 외교 협상가, 서희

서희(942~998년)

고려의 외교관 서희는 외교관의 협상력이 얼마나 중요한지 보여 주는 대표적인 인물이에요. 서희는 고려 시대에 거란의 침략을 받아 영토를 잃을 뻔한 위기를 영토 확장의 기회로 바꾼 뛰어난 외교관이랍니다.

고려 성종 12년(993년), 거란 장수 소손녕이 군사 80만 명을 이끌고 고려를 침략해 왔어요. 거란은 당시 동북아시아에서 가장 강한 나라 중 하나였어요. 거란은 고려가 자기들이 가진 옛 고구려 땅을 자꾸 빼앗고 있다는 것과 고려가 송나라와 교류하고 있다는 이유를 들어 고려를 침략했어요.

고려의 신하들은 거란에 항복하자는 쪽과 평양 이북의 땅을 거란에게 주어 전쟁을 막자는 쪽으로 나뉘었어요. 이때 서희가 홀로 적진을 찾아가 거란 장수 소손녕과 외교적으로 협상을 하겠다고 나섰어요. 서희는 거란이 80만 명이라는 대군을 이끌고 와서도 서둘러 침략하지 않는 것을 보고, 다른 목적을 숨기고 있음을 눈치챘던 거예요. 당시 거란은 송나라와 치열하게 경쟁하는 관계였어요. 서희는 거란이 고려와 송나라가 힘을 합쳐 거란을 위협할지도 모른다는 두려움 때문에 침략했다는 것을 알아챘어요.

서희는 소손녕을 찾아가 고려와 전쟁을 하지 않는 것이 거란을 위해서도 좋다며 설득했어요. 그리고 압록강 안팎의 땅이 원래 고려 땅이었음을 논리적으로 주장해 압록강 유역의 강동 6주를 돌려받았지요. 덕분에 신라의 삼국 통일 이후로 줄어들었던 우리나라의 영토는 다시 넓어졌답니다.

외교에서 가장 중요한 능력 중 하나는 상대 나라의 생각을 엿보고 서로에게 도움이 되는 협상을 이끌어 내는 거예요. 서희는 그런 면에서 뛰어났지요. 그래서 외교부 외교안보연구원에서는 2009년에 서희의 동상을 세워 그 훌륭한 업적을 기념하고 있어요. 또한 외교부는 한국 외교를 빛낸 첫 번째 인물로 서희를 선정했지요. 서희가 보여 준 '함께 잘 사는 방법'이야말로 세계 공통의 문제 해결을 위해 국가 간 협력이 필요한 이 시대의 모범 답안이기 때문이에요.

7장 우리나라 역사 속 최고의 외교관 이야기

일본에 납치된 조선 사람을 구한
조선 최고의 외교관, 이예

이예(1373~1445년)

소말리아 해적에게 납치된 우리나라 선원들을 구출한 대한민국 해군의 최영함

2011년 1월, 5시간에 걸친 대한민국 해군 특수부대의 군사 작전으로 소말리아 해적에게 납치된 우리나라 선원들이 무사히 풀려났어요. 이 소식을 들은 수많은 국민은 환호성을 외치며 기뻐했지요.

외국에서 해적들에게 납치된 한국 사람을 구하는 것은 정말 힘든 일이에요. 한국 정부에서 인질을 구출하려는 조짐이 보이면 바로 납치된 사람의 생명이 위험해지기 때문이지요. 이런 일이 발생하면 해적이나 테러리스트와는 어떤 협상도 해서는 안 된다는 주장과 납치된 인질을 구하기 위해 그들의 요구를 들어주어야 한다는 주장 사이에서 외교관은 엄청난 고민을 하게 된답니다.

5천 년 우리나라 역사 속에서 왜구에게 납치된 우리 백성들을 구한 최고의 협상가를 찾을 수 있어요. 바로 조선 최고의 외교관 이예랍니다. 이예는 조선 태종, 세종 때 일본의 해적인 왜구에게 납치된 조선 사람을 돌아오게 하는 일을 맡은 외교관이었어요. 1396년 왜구가 울산 지역에 침입해 군수를 납치해 갔을 때의 일이에요. 이예는 위험을 무릅쓰고 해적선에 올라 군수를 풀어 달라고 부탁했어요. 왜구는 자신의 목숨이 위태로운데도 군수를 구하려고 용감하게 나선 이예에게 감동받아 군수와 이예를 무사히 풀어 주었다고 해요.

이예는 공로를 인정받아 조선과 일본의 외교 업무를 맡았어요. 그 뒤로도 이예는 끈질긴 노력과 뛰어난 설득력으로 왜구에게 납치된 조선 사람을 600명 이상 무사히 구해 냈어요. 또 일본 사람에게 조선의 항구를 열어 무역을 허락한다는 내용의 조약을 일본과 맺었지요. 덕분에 조선에 나타나던 왜구가 크게 줄어들어 조선과 일본 사이에 평화를 이끌어 낼 수 있었답니다.

2010년 외교부는 우리 외교를 빛낸 인물로 이예를 선정했어요. 미래의 외교관을 꿈꾸는 어린이 여러분도 외국에서 고통받는 백성들을 지키기 위해 노력했던 조선 최고의 외교관 이예의 헌신적인 노력을 본받아야 할 거예요.

7장 우리나라 역사 속 최고의 외교관 이야기

5천 년 우리 외교 역사의 총사령관, 세종 대왕

세종 대왕(1397~1450년)

21세기에 들어서면서 세계 제일의 군사, 경제 대국으로 떠오른 나라가 있어요. 바로 중국이에요. 중국은 옛날부터 힘이 강해지면 이웃 나라에 중화사상을 강요했어요. 중화사상은 중국 문화가 세계 최고이고, 중국을 중심으로 모든 것이 이루어진다는 중국의 민족 사상이에요. 그런데 21세기의 중화사상은 세계 모든 나라가 중국이 세운 질서에 따를 것을 강요하는 '중국식 패권주의'로 확대될 위험이 있어요. 패권주의는 강대한 군사력을 배경으로 세계를 지배하려는 정책을 말하지요. 자칫 잘못하면 우리나라도 중국의 영향력에 흡수될 위험이 있어요.

이를 막으려면 어떻게 해야 할까요? 그 해답은 외교 감각이 뛰어난 군주였던 조선의 세종 대왕에게서 찾을 수 있어요. 세종 대왕은 당시 강대국인 중국의 영향권 아래에서 조선이 나아갈 방향을 명확하게 제시했어요. 세종 대왕이 당시 아시아에서 가장 강한 나라였던 중국 중심의 외교 질서에 어떻게 슬기롭게 대처해 나갔는지 보면, 우리도 중국의 힘에 주눅들지 않고 적극적으로 대응할 수 있는 지혜를 얻게 될 거예요.

세종 대왕은 당시 중국의 영향력에서 벗어나기 위해 다양한 정책을 추진했어요.

첫째, 조선의 '새로운 시계'를 만들었어요

당시에는 스스로 하늘에서 내린 나라라고 일컫는 중국만이 천문을 관측해 시각을 알 수 있다는 분위기가 있었어요. 하지만 세종 대왕은 독자적으로 물시계인 '자격루'와 해시계인 '앙부일구'를 만들었지요. 덕분에 조선의 백성은 중국 중심의 시계에서 벗어나 조선의 시계를 가지게 되었어요.

앙부일구

둘째, 조선만의 글자인 '훈민정음'을 창조했어요

중국의 한자는 15세기 일본, 베트남 등 아시아 전 지역에서 공통으로 사용되었어요. 세종 대왕은 조선만의 글자인 새로운 문자, 훈민정음(지금의 한글)을 창조함으로써 조선 백성들이 자신만의 문자를 통해 창조적 생각을 가질 수 있게 했답니다.

한글은 전 세계 수천 개의 언어 중에 유네스코가 선정한 최고의 언어랍니다.

훈민정음의 원리와 해설이 담긴 책 《훈민정음》

세종 대왕님이 안 계셨다면 지금쯤 어떻게 됐을까?

셋째, 조선의 땅에 맞는 '새로운 농사법'을 개발했어요

당시에 조선의 백성은 중국에서 들여온 《농상집요》라는 책을 보고 농사를 지었어요. 하지만 중국과 조선은 땅이 달라 어려움이 많았어요. 세종 대왕은 조선의 땅에 잘 맞는, 조선만의 농사 방법이 필요하다고 생각해서 《농사직설》을 만들었지요. 덕분에 조선의 백성은 중국 중심의 농사법에서 벗어날 수 있었어요.

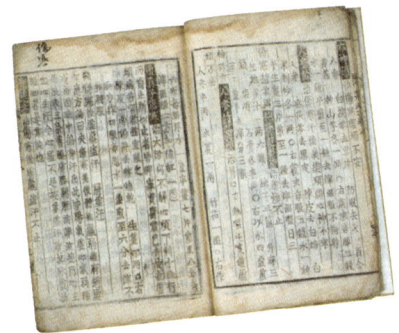
《향약집성방》

넷째, 조선 사람의 몸에 맞는 '의학 시스템'을 만들었어요

당시에 조선의 백성들은 몸이 아프면 중국 의학 책의 처방전에 따라 치료를 받았어요. 하지만 중국 의학 책에 적힌 방법으로 조선의 백성을 치료하기에는 어려움이 많았지요. 이에 세종 대왕은 중국의 의학 지식을 창조적으로 발전시켜, 조선 사람에게 가장 적합한 의학 시스템인 《향약집성방》을 만들었답니다.

다섯째, 조선의 하늘에 맞는 '새로운 달력'을 만들었어요

하늘의 뜻을 받는 고귀한 일은 중국만이 할 수 있다고 여겨졌던 당시, 세종 대왕은 조선의 수도 한양의 하늘을 기준으로 우리나라 하늘에 맞는 고유의 달력인 《칠정산》을 만들었어요. 칠정산은 500여 년이 지난 오늘날의 과학

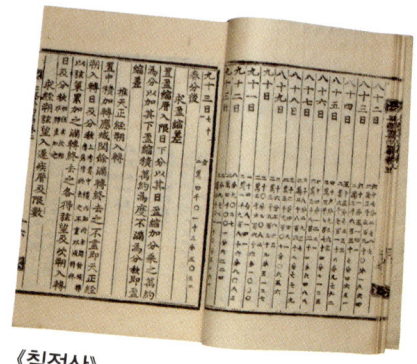
《칠정산》

으로 분석해도 오차가 없을 만큼 시대를 초월한 위대한 창조물이랍니다.

여섯째, 조선의 소리에 맞는 '음악'을 만들었어요

당시에는 중국의 음악인 '당악'은 떠받들고 우리 전통 음악인 '향악'은 소홀히 여겼어요. 세종 대왕은 향악을 바탕으로 우리의 독자적 음악인 '보태평 11곡'과 '정대업 15곡'을 만들었어요. 이 음악은 국가 행사인 종묘 제례와 국가 주요 행사에 사용되었지요. 덕분에 조선은 나라의 큰 행사에 중국의 음악을 주로 쓰던 데서 벗어나, 우리 음악을 사용해 나라의 정체성을 세우게 되었답니다.

보태평과 정대업은 종묘 제례악으로 연주됐어요.

이렇듯 세종 대왕은 중국 중심의 세계관에서 벗어나 새로운 세상을 열어 나갔어요.

현재 세계의 수많은 경제 전문가들은 이야기해요. 한국은 세계 1위의 경제력과 군사력을 가진 중국의 힘에 눌려 앞으로 심각한 경제적, 문화적 위기를 맞게 될 것이라고요.

이제 외교관을 꿈꾸는 우리 어린이들은 말할 수 있어야 해요. 우리나라는 5천 년 역사 내내 중국의 힘과 영향력에 좌우되지 않았고, 중국의 영향력이 강해질 때마다 이를 국가 발전의 새로운 기회로 삼아 왔다고 말이지요.

7장 우리나라 역사 속 최고의 외교관 이야기

우리 역사 최고의 장군이자 외교 전략가, 이순신 장군

이순신(1545~1598년)

우리나라 역사에서 너무나 불리한 상황에서도 용기를 잃지 않고, 백성들을 하나로 모아 전쟁에서 승리한 영웅이 있어요. 바로 이순신 장군이지요. 외교관을 꿈꾸는 어린이라면, 위기에 처한 나라를 구한 이순신 장군이 우리에게 무엇을 보여 주는지 관심 있게 보세요.

첫째, 진정한 '용기'가 무엇인지 보여 주어요

지금으로부터 약 400년 전인 1592년 4월, 일본이 조선을 침략해 임진왜란이 일어났어요. 육지에서는 최첨단 화약 무기인 조총을 앞세운 일본에게 계속해서 졌지만, 바다 위에서는 조선이 계속 이겼어요. 이는 전쟁이 일어날 것을 미리 내다보고 준비한 이순신 장군의 리더십 덕분이었지요.

이순신 장군은 조선을 침략하려면 바다를 건너야 하는 일본군의 약점을 파악해 바다에서의 전쟁을 대비했어요. 적은 수였지만 수군을 잘 훈련시켰으며 최첨단 돌격선인 '거북선'을 개발했고, 강력한 화력을 자랑하는 화포를 장착한 배인 '판옥선'을 전쟁에 이용했지요. 그리고 "생즉필사(生則必死) 사즉필생(死則必生)." 즉, 죽고자 하면 살고, 살고자 하면 죽을 것이라는 말로 두려움에 빠진 조선 수군에게 용기를 불러일으켰어요.

둘째, 희망이 사라진 시대에 '희망'을 보여 주어요.

1597년 당시 조선 수군의 총책임자였던 원균은 칠천 해전에서 크게 패했어요. 그 바람에 160여 척에 달했던 조선 함대의 배는 단 13척으로 줄어들었지요. 위기를 맞은 조선의 임금은 이순신 장군을 조선 수군의 총책임자로 임명했어요. 이순신 장군은 임금에게 "저에게는 아직 열두 척의 배가 남아 있습니다."라는 글을 올렸어요. 이 글에 담긴 이순신 장군의 희망은 조선의 운명까지 바꾸어 놓았어요. 이순신 장군은 명량 해전에서 단 13척(1척의 판옥선이 더 있었어요.)으로 왜선 133척을 물리치고 위대한 승리를 얻어 냈답니다.

용산 전쟁기념관에 있는 거북선 모형

셋째, 진정한 '나라 사랑'이 무엇인지 보여 주어요

나라를 구하는 데 가장 큰 공을 세웠지만, 1597년에 이순신 장군은 억울하게 모함을 받아 *백의종군하라는 명을 받았어요. 이순신 장군은 억울하게 벼슬을 잃고 고통받았지만 묵묵히 자신에게 주어진 고난을 이겨 냈지요. 앞서 얘기한 칠천 해전에서 원균

백의종군이란 벼슬 없이 군대를 따라 싸움터로 나가는 것을 말해요.

생즉필사(生則必死), 사즉필생(死則必生)!

죽고자 하면 살고, 살고자 하면 죽는다!

이 일본에게 크게 패해 나라가 위기에 처하고 나서야, 나라에서는 이순신 장군을 다시 조선 수군의 총책임자로 임명했어요. 이순신 장군은 "나에게는 지켜야 할 백성과 조국이 있다."라고 하며 진정한 나라 사랑의 마음으로 조선의 바다를 지켜 냈어요.

이제 이순신 장군이 품었던 바다를 품고 지구촌을 변화시킬 주인공은 바로 외교관을 꿈꾸는 여러분이에요. 우리나라 사람이 이순신 장군을 존경하는 것은 그가 임진왜란 때 선박, 병력, 무기 등 나라의 지원이 거의 없는 상황에서 기적적인 승리를 거둔 것 때문만은 아닐 거예요. 또 이순신 장군이 인류 역사상 가장 위대한 해전 장수이기 때문만도 아닐 거고요.

　이순신 장군의 죽음을 뛰어넘은 용기, 미래에 대한 희망, 자신이 속한 공동체를 향한 사랑, 백성들을 섬기는 마음 등이 오늘날을 살아가는 우리에게 삶의 나침반 역할을 하기 때문이지요.

우리 역사 속에서 찾을 수 있는 국제전문가

많이 가진 사람은 적게 가진 사람을 도와야 할 의무가 있지요.

열쇠가 될 수 있어요.

경주 최 부잣집은 가난한 사람에게 존경받는 부자, 깨끗한 부자의 참모습을 잘 보여주었어요. 21세기에 들어서면서 선진국과 개발 도상국의 빈부 격차는 점점 더 심해지고 있어요. 가난한 사람과 부자 사이의 갈등으로 사회 혼란 또한 심해지고 있고요. 이런 상황에서 최 부잣집의 가훈 6가지는 함께 잘 살 수 있는 상생의 지혜가 무엇인지 잘 보여주고 있지요.

세계 빈부 격차 문제의 멘토, 경주 최 부잣집

오늘날 세계적으로 심해지는 빈부 격차 문제를 해결할 비법을 알려 줄 멘토는 조선 시대에 300년간 12대에 걸쳐 '깨끗한 부'를 쌓아 온 경주 최 부자 일가예요. 쌀 1만 석이라는 큰 재산을 가진 부자이자 이름 높은 가문인 경주 최 부잣집의 6가지 가훈은 오늘날 지구촌이 겪고 있는 빈부 격차 문제를 푸는

최 부잣집 가훈

1. 과거 시험을 보되, 진사 이상은 하지 마라.
2. 재산은 쌀 1만 석 이상 지니지 마라.
3. 손님을 후하게 대접하라.
4. 흉년에는 땅을 사지 마라.
5. 며느리들은 시집 온 뒤 3년 동안 무명옷을 입어라.
6. 사방 100리 안에 굶어 죽는 사람이 없게 하라.

혼자만 잘사는 게 아니라 함께 잘살기를 바란 김만덕의 나눔의 정신도 전 세계 빈부 격차 문제를 해결하는 비법이랍니다.

함께 사는 지혜로 빈부 격차를 해결한 거상 김만덕

빈곤 문제 해결에 관한 세계 최고의 전문가를 우리 역사에서 또 한 사람 찾을 수 있어요. 바로 가난한 천민에서 조선 최고의 상인이 되어, 자신처럼 가난한 이들을 도운 거상 김만덕이에요. 거상이란 크게 성공한 상인이란 뜻이에요. 제주에서 기생으로 일하던 김만덕은 뛰어난 지혜로 사업을 해서 엄청난 재산을 모았어요. 그러다 어느 해 제주도에 심한 흉년이 들자, 전 재산을 들여 쌀 5백 석을 구입해 굶어 죽을 위기에 처한 제주 사람들을 구했지요. 이 소식을 들은 정조 임금은 김만덕을 한양으로 불러 구경을 시켜 주고, 금강산 구경도 허락해 주었어요. 조선 시대에는 제주도 여자들은 섬 밖으로 나갈 수 없었거든요.

노비의 인권도 존중한 세종 대왕

세계 인권 문제 해결의 뛰어난 지혜도 우리 역사 속에서 찾을 수 있어요. 조선 시대에 가장 낮은 계층이었던 노비와 그 남편에게까지 산후 휴가(아기를 낳은 후 일정 기간 쉬는 것)를 준 세종 대왕 같은 인권 문제 전문가가 있으니까요. 조선 시대에 노비는 사람이 아닌 재산의 일부로 여겨졌어요. 그런 만큼 사람이 누릴 수 있는 권리인 인권은 생각조차 할 수 없었지요. 이런 노비들까지 존중해 인권을 인정해 준 세종 대왕은 오늘날 기준으로 보아도 훌륭한 인권 문제 전문가임에 틀림없어요.

조선 시대에 오늘날의 예방 의학을 강조한 허준

지구촌의 건강을 책임지는 의료 분야의 전문가도 우리 역사 속에서 찾을 수 있어요. 조선 시대에 질병으로 고통받는 백성들을 위해 알기 쉬운 한글 의학 책 《동의보감》을 쓴 허준이 바로 그 주인공이에요. 허준은 《동의보감》에서 비싼 중국의 약재를 대신해 백성들이 쉽게 구할 수 있는 우리나라의 약재를 소개했어요. 아프기 전에 몸을 보호해야 한다는 예방 의학을 이 시대에 강조한 것도 놀랍지요. 이렇게 허준은 지식이 없어 병들어 죽을 위험에 처한 수많은 백성을 구했어요. 우리도 허준의 뒤를 이어, 지구촌 곳곳에서 치료제와 의사가 없어 고통받는 이들을 구할 수 있을 거예요.

8장
이제는 우리 모두가 국가 대표 외교관

요즘과 같은 세계화 시대에는 정부에서 추진하는
공식적인 외교만큼 민간이 전개하는 민간 외교 또한 중요해요.
그런 의미에서 해외에 나가는 우리 국민은 개개인이
세계 속에 우리나라의 국가 브랜드를 높이는
민간 대한민국 홍보 대사라고 할 수 있지요.
요즘 중국과 일본이 독도와 이어도, 동북공정 등 우리나라를 상대로
국제적인 논쟁을 일으키고 있어요. 이런 여러 문제들을 해결하려면
나 자신부터 국가 대표 외교관이라는 마음자세를 가져야 해요.

8장 이제는 우리 모두가 국가 대표 외교관

대한민국의 이미지를 새로 만들어요

어린이 여러분은 세계의 친구들이 '대한민국' 하면 어떤 이미지를 떠올리기를 바라나요? 가 보고 싶은 나라, 5천 년 역사와 문화를 가진 나라, 미래에 대한 꿈과 희망이 가득한 나라 등이 떠오를 거예요.

그러나 세계 속 대한민국의 이미지는 이런 우리의 기대와는 거리가 멀어요.

외국의 교과서에 우리나라의 모습이 잘못 실려 있어요

외국 어린이들이 수업 시간에 배우는 교과서에서는 우리나라를 어떻게 그리고 있을까요? 외국 교과서에 '동해'가 버젓이 '일본해'라고 쓰여 있다는 것은 알고 있지요? 또 우리나라가 과거에 중국과 일본의 지배를 받은 나라였다고 설명하는 외국 교과서도 많아요. 이런 교과서를 접한 외국 어린이들은 우리나라를 중국과 일본 사이에 낀 보잘것없는 나라로 생각할지도 몰라요.

왜 이런 일이 생겼을까요? 그 이유는 일본의 역사 교과서에 실린 왜곡된 우리나라 역사가 수십 년 동안 전 세계 각 나라의 교과서에 그대로 전파되었기 때문이에요. 그런데 요즘 들어 더 큰 문제가 생겼어요. 외국 교과서에 실린 왜곡된 우리나라 역사가 인터넷을 통해 빠르게 세계로 퍼져 나가고 있는 것이랍니다.

우리나라가 비겁한 새우라고요?

최근 전 세계 유명 언론사, 정부 기관, 대형 인터넷 포털 사이트에서는 '고래 싸움에 새우 등 터진다.'라는 우리 속담을 인용해서 우리나라의 국가 이미지를 중국과 일본 사이에 낀 '비겁한 새우'로 묘사하고 있어요.

또 우리나라가 역사적으로 외세의 침략에 나라의 문을 꼭꼭 닫는 정책으로만 대응했다고 소개하고 있어요. 이는 미국의 사회지리 교과서에서 우리나라가 중국과 일본에게 침략, 점령, 합병을 당하면서 직접 대응하기보다는 살아남기 위해 속임수를 사용해 왔다고 소개한 내용을 그대로 실은 것이지요.

국가 브랜드의 힘을 키워요

이렇게 잘못 알려진 우리나라의 이미지를 매력적으로 바꾸어 나가는 데 있어서 가장 중요한 것이 무엇일까요?

바로 대한민국의 국가 브랜드예요. 국가 브랜드란 한 국가에 대한 이미지를 인지도, 호감도, 신뢰도 등의 가치로 합쳐서 나타낸 것이지요. 국가 브랜드는 한 국가가 외국의 관광객을 불러 모으고, 외국인 투자를 끌어들이고, 상품을 팔리게 하고, 정치적으로 튼튼한 친구 관계를 만들어 내는 것 등에 두루 영향을 미친답니다.

어린이 여러분, 우리 함께 우리나라의 정치, 경제, 사회, 문화를 새롭게 변화시킬 국가 브랜드의 씨앗을 심어 보아요. 이것이 장차 울창한 나무로 자라 70억 세계 사람들에게 매력적이고 풍성하게 기억되는 우리나라의 이미지로 열매를 맺게 될 거예요.

> 세계에 전하고 싶은 우리나라의 이미지를 국가 브랜드로 만들어 세계인의 가슴속에 심어 나갈 수 있어요.

이제는 우리 모두가 국가 대표 외교관

우리 역사에 관한 오류,
이렇게 대처해요

사이버외교사절단 반크에는 전 세계에서 공부하는 수많은 한국 유학생들에게서 다양한 이메일이 와요. 그중에는 외국의 새로운 교육 환경에서 공부하면서 느끼는 정신적인 혼란에 대한 내용이 많아요. 특히 그동안 우리나라에서 배운 내용과 전혀 다른 내용이 실린 외국 교과서를 보고 충격을 받는 학생들이 많답니다.

외국 교과서와 해외 웹 사이트에 실린 오류

외국 교과서에 우리나라가 옛날부터 중국의 지배를 받았고 최근까지 중국의 식민지였다든지, 일본의 식민지였던 덕분에 경제적인 성장을 이룰 수 있었다든지, 동해가 아니라 일본해이고 독도가 아니라 다케시마라

는 등등 우리나라 역사가 잘못 실려 있는 예는 아주 많아요.

또한 우리나라 유학생들이 외국의 웹 사이트에서 우리나라와 관련된 잘못된 정보를 찾아낸 것만 해도 7천 건이 넘어요. 해외 유명 웹 사이트에 우리 역사가 잘못 소개되고 있다는 사실은 국내 신문을 통해서도 보도되었지요. 당시 뉴스를 본 우리나라 사람들은 분개했어요. 하지만 얼마 지나면 이런 관심은 거짓말처럼 사라져 버렸어요.

우리가 무관심하게 있는 사이에도 세계의 주요 신문과 방송, 출판사, 정부 기관의 웹 사이트에는 여전히 우리나라 관련 정보가 왜곡되어 있거나 잘못 소개되고 있어요.

이런 잘못된 정보는 외국의 교과서에서 나온 거예요. 외국 교과서 대부분이 일본과 중국 교과서에서 왜곡한 우리 역사를 그대로 받아들여 실었기 때문이지요. 또한 외국의 세계사 교과서를 살펴보면 중국 역사는 보통 30페이지, 일본 역사는 20페이지인 반면에 우리나라 역사는 기껏해야 1페이지 정도로 실려 있어요. 하지만 우리나라 학생들도 우리나라 역사를 제대로 공부하지 않으면서 외국의 교과서에 제대로 소개되길 바라는 것도 말이 안 되겠지요.

> 동해를 일본해라고 표기한 웹 사이트만 해도 천만 개가 넘어요.

역사 공부는 우리를 지키는 일

해외에서 이런 경험을 한 우리나라 유학생들은 한국에서 학교에 다닐 때 필수 과목이 아니라는 이유로 한국사를 제대로 공부하지 않았던 것이 가장 후회된다고 해요.

그러니 한국사가 대학교 입시 시험에 필수든 아니든, 수능과 내신을 위한 공부에서 벗어나 세계 사람들과 소통하려면 역사 공부를 꼭 해야 해요. 즉, 전 세계 어떤 외국인을 만나더라도 중국과 일본의 역사 왜곡을 논리적이고 세련되게 바로잡을 수 있는 실력을 갖추어야 하지요. 논리적인 근거와 설득력 없이, 주장만 한다고 해서 우리 말에 귀 기울일 세계인은 없을 테니까요.

외국 교과서와 해외 웹 사이트의 오류를 바로잡아요

막상 한국 관련 오류를 찾으려고 보면 어디서, 어떻게, 무엇부터 찾아야 할지 막막한 느낌이 들 거예요. 간단히 오류를 찾는 방법을 가르쳐 줄 테니 잘 알아 두세요.

1. 오류 키워드를 활용하세요

'오류 키워드'란 대부분의 해외 매체에서 발견되고 있는 한국 관련 오류 내용이 담긴 단어들을 말해요. 반크의 '21세기 오류 시정 프로젝트(korea.prkorea.com)'에는 동해와 독도 등 관련 분야의 오류 키워드가 외국어로 실려 있어요. 어떤 매체든 '검색' 기능은 동일하게 되어 있으니, 오류 단어를 복사해서 검색 코너에 붙여 넣으면 된답니다.

2. 효과적인 키워드 검색법을 활용하세요

오류 키워드로 검색해도 원하는 결과가 안 나올 때는 검색 엔진의 확장 검색, 상세 검색을 이용하거나 간단하게 검색어에 변화만 주어도 돼요. 구글을 예로 들어 볼게요.
- 검색어를 따옴표로 묶으세요. 구글은 따옴표로 묶인 검색어에 대해서는 해당 검색어를 반드시 포함하는 검색 결과를 보여 주어요.
- 검색어 사이에 +를 넣어 검색어 2~3개를 함께 검색하세요. 구글에서는 검색어 사이에 +를 넣으면 두 검색어가 모두 포함된 문서를 찾아 주어요.

3. 번역 사이트로 언어의 장벽을 뛰어넘어요

요즘은 번역 프로그램이나 사이트를 통해 해외 웹 사이트에서 쉽게 오류를 찾을 수 있어요.
- 구글 번역 http://translate.google.com/ 영어, 일본어, 중국어 등 약 80개국 언어
- 네이버 일본어 번역 http://jpdic.naver.com/ 일본어

이제는 우리 모두가 국가 대표 외교관

왜곡된 대한민국 역사 바로 알리기 ❶
외국의 세계 지도에 독도가 없어요!

최근 국회에서 외교부가 조사한 독도 관련 자료가 발표되었어요. 각국 세계 지도에 독도를 우리나라 영토로 표기하고 있는 사례는 전체의 1.5% 뿐이라고 해요.

독도는 우리나라 땅인데 왜 이런 말도 안 되는 통계가 나오는 것일까요? 그 이유는 간단해요. 일본이 지난 수십 년 동안 국제 여론을 바꾸기 위해 세계 각국의 교과서 출판사, 국가 기관, 세계 지도 보급사, 관광 가이드북, 언론사 등을 대상으로 끈질기게 홍보를 했기 때문이지요.

그렇다면 우리는 독도 문제에 어떻게 대응해야 할까요? 독도를 국제 분쟁화하지 않으면서도 독도가 우리 땅임을 해외에 홍보하는 다양한 방법을 사용해야 해요. 예를 들어 전 세계 초중고교 교실에 독도와 동해가 표기된 세계 지도를 기증하는 운동을 할 수 있지요. 1년에 해외로 나가는 1천만 명의 우리나라 국민들을 적극적으로 활용해 독도가 표기된 영문 세계 지도를 외국에 전달하는 운동을 펼치는 거예요.

또한 독도를 지키기 위해서는 무엇보다 미래의 일본을 상대할 우리나라의 다음 세

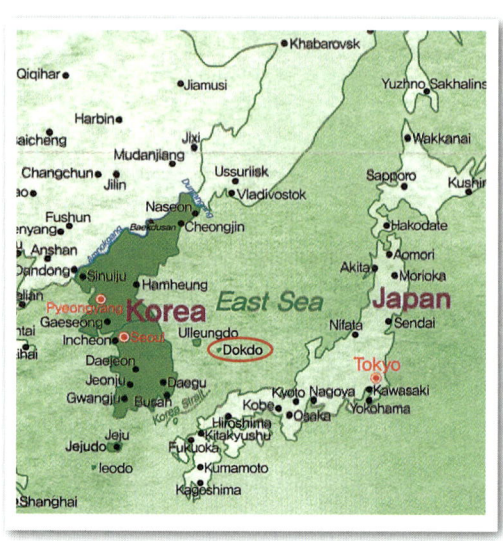

독도가 표기된 영문 세계 지도

대에게 독도에 대한 정확한 인식을 심어 주어야 해요. 특히 단순히 '동해'와 '독도'를 표기하는 교육을 넘어 정부 차원에서 우리나라의 초등학교 교과서에 독도 관련 내용을 제대로 실어야 해요. 초등학생들이 자라서 국제 사회에 독도를 제대로 알릴 수 있도록 실전 외교 교육을 할 필요가 있지요.

우리나라는 일본에 비해 국가 브랜드 파워가 낮아요. 세계 사람들은 독도 문제에 관해 잘 모르는 대한민국보다는 일본의 손을 들어주고 싶어 할 거예요. 독도 문제를 통해 국민들의 뜻을 하나로 모아 '대한민국의 국가 브랜드'를 세계에 알려 나가는 국민 운동을 전개해야 하는 이유가 바로 여기에 있어요.

세계인에게 독도를 우리나라 땅이라고 알리는 방법

독도를 세계 사람들에게 알릴 때는 다음과 같이 설명하는 것이 좋아요.

독도는 울릉도와 무척 가까워요

세계 10대 해양 휴양지로 선정된 울릉도 근처에 독도가 있다는 것, 날씨가 화창할 때는 울릉도에서 직접 눈으로 독도를 볼 수 있을 만큼 가까운 거리에 있다는 것을 외국인에게 알려 주세요. 반면 일본의 오키 섬에서는 안 보이는 독도가 결코 일본의 영토가 될 수 없음을 알려 주세요.

울릉도와 독도는 '어머니와 아들' 관계만큼 가까워요.

독도는 지리적으로 대한민국의 영토예요

1454년에 쓰인 《세종실록 지리지》에는 "울릉도와 독도, 두 섬이 서로 거리가 멀지 않아 날씨가 맑으면 바라볼 수 있다."라고 쓰여 있어요. 독도는 울릉도로부터 87.4km, 일본의 오키 섬으로부터 157.5km 떨어져 있지요. 역사적인 기록뿐 아니라 지리적으로도 독도는 명백한 우리나라의 영토예요.

지리적인 거리상으로 비교해도 독도는 울릉도에 훨씬 더 가까워요.

일본 역사에도 독도가 대한민국의 영토로 기록되어 있어요

역사적으로 독도가 대한민국의 영토임을 증명하는 기록이 많이 있다는 것을 알려 주세요. 신라 왕조 때부터 독도에 대해 기록한 것이 있고, 《삼국사기》와 같은 여러 역사책과 문헌, 고지도에 울릉도와 독도가 우리 영토임이 기록되어 있어요. 게다가 독도가 일본의 영토가 아님을 증명하는 일본의 역사책과 고지도도 다수 확인되고 있지요.

특히 1877년 일본의 최고 행정 기관인 태정관은 독도가 조선의 영토라고 선포했어요.

국제법상으로 독도는 대한민국의 영토예요

대한 제국은 1900년에 울릉도의 관할 구역인 독도가 대한 제국의 영토임을 법적으로 선포했어요. 그런데 일본은 1905년 독도를 불법으로 자기네 영토에 편입시켰어요. 1945년 제2차 세계 대전에서 일본이 망하고 조선이 해방되면서 독도 등 조선의 모든 영토를 대한민국에 돌려주게 되었어요. 하지만 일본이 욕심을 버리지 못하고 50여 년이 지난 지금까지도 독도에 대한 소유권을 주장하고 있음을 적극적으로 알려 주세요.

독도는 아시아 평화의 상징이에요

모든 지리적, 역사적, 국제법적 증거를 뛰어넘어 독도가 아시아 평화의 상징임을 알려 주세요. 무엇보다도 세계 사람들에게 일본의 독도 영유권 주장은 군국주의의 부활이고 과거 식민지 영토권을 다시 가지겠다고 주장하는 것이며, 제국주의 침략 전쟁으로 독도를 강제로 빼앗겼던 우리에게 독도와 한반도에 대한 대

한 권리가 있다는 것을 알려 주세요. 그리고 오늘날 우리가 독도를 지키려는 것은, 일제 강점기 시절 일본의 강압적인 식민 통치에 맞서 끊임없이 독립 운동을 전개한 나라 사랑 운동의 연장선이라는 것을 설명해 주세요. 독도를 지키는 것이 일본의 제국주의와 군국주의가 다시는 아시아에 되살아나지 못하게 하려는 대한민국의 의지라는 것을 널리 알려야 해요.

이제는 우리 모두가 국가 대표 외교관

왜곡된 대한민국 역사 바로 알리기 ❷
우리나라 동쪽 바다는 일본해가 아닌 동해

'일본해'란 이름은 1910년부터 1945년까지 우리나라를 강제로 점령했던 제국주의 일본이 자기들 마음대로 표기한 바다 이름이에요. 우리나라가 국제 사회에 동해 표기 문제를 처음으로 제기한 것은 1991년 국제연합에 정식으로 가입하면서부터이지요.

우리나라는 뒤늦게 국제 사회에 동해를 홍보하려고 노력했지만, 100년에 가까운 시간이 지나는 동안 국제 사회에서는 이미 일본해 표기를 지지하고 있었어요. 사이버외교사절단 반크에서는 1999년부터 전 세계의 교과서, 세계 지도 발행 출판사, 초중고교 교사들과 학생들에게 일제 강점기에 강압적으로 '동해' 이름을 빼앗긴 과정을 알려 나갔어요. 그 결과 2012년 기준으로 동해를 일본해와 같이 표기하는 비율이 과거 3%에서 29%로 늘어났어요. 그리고 세계적인 출판사인 '내셔널 지오그래픽'과 지도 회사인 '월드 아틀라스 닷컴'은 웹 사이트에 다음과 같이 발표했지요.

> 세계 지도에서 사라질 위기에 있었던 '동해'가 국제 사회에 다시 등장하게 된 거예요.

"동해가 일본해 못지않게 많은 역사적인 전례가 있다는 반크의 주장이 힘을 발휘해서 지금은 본 사이트를 비롯한 주요 출판사와 지도 회사, 교육 사이트에서 동해와 일본해를 함께 표기하고 있다. 마침내 한국인들의 애국심이 승리를 거둔 것이다."

일본해가 아닌 동해라는 역사적 증거

1810년에 인쇄된 일본의 고지도 〈신정만국전도〉에는 동해가 조선해로 표기되어 있어요.

동해를 한국해로 표기한 18세기 영국의 고지도가 발견되었어요.

1835년에 제작된 일본의 또 다른 고지도에도 조선해로 표기되어 있어요.

'위 더 피플'에 동해 문제를 올려요

'워 더 피플'은 미국인이 미국 정부를 상대로 자신들의 의견을 낼 수 있도록 마련된 미국 백악관의 온라인 청원 코너예요. 온라인 청원서가 제출된 뒤 30일 이내에 2만 5천 명 이상이 지지 서명을 하면 미국 정부는 내용을 검토해서 청원자에게 답변을 해 줘야 하지요. 2012년 3월 '위 더 피플'에 미국 교과서에 표기된 '일본해'를 '동해'로 바로잡아 달라는 내용이 올라오자 단 며칠 사이에 약 3만 명이 서명했어요. 이처럼 국제 청원을 통해 세계 여론을 움직이려는 우리의 노력은 우리나라와 일본 사이의 국제 분쟁인 동해, 일본해 표기 싸움에서 우리가 승리하는 데 큰 기여를 하고 있어요.

미국 백악관의 온라인 청원 코너 '위 더 피플'

외교부

장동희

전 국제 표기 명칭 대사

Q 국제 표기 명칭 대사란 무엇인가요?

외교부 대사로 동북아역사재단에 파견되어 동해, 독도 표기 문제를 총괄 지휘하는 대사예요. 국제회의(국제수로기구, 국제연합지명표준화 회의 등)에 대표로 나가거나, 혹은 외국 정부 인사나 지명 관련 전문가들을 만나서 독도나 동해가 올바르게 표시될 수 있도록 설득하고 협상하는 역할을 하고 있어요.

Q 국제 표기 명칭 대사로서 국제 회의에서 활동한 이야기를 들려주세요.

2012년 5월 비엔나에서 열린 지명 전문가 회의에 참석했을 때의 일이에요. 동해 얘기를 꺼내고 싶어 기회를 노리는데, 마침 오스트리아 전문가 한 명이 지명 표기 이론을 설명하며 그 예로 한국 쪽 바다는 동해로, 일본 쪽 바다는 일본해로 표기하는 방안 등을 이야기했어요. 그러자 일본 외교관이 동해는 이미 일본해로 되어 있으므로 예로 드는 것이 적절치 않다며 이의를 제기했어요. 저는 이 기회를 놓치지 않고 "전문가들이 모여 순수하게 학술적으로 토론하는 자리인데, 일본이 정치적 이유로 논의를 막는 것은 적절치 않다."라며, 동해에 관한 저의 주장을 맘껏 펼쳤지요.

Q 동해 명칭 표기 문제가 왜 그렇게 중요하죠?

동해란 명칭은 그 자체로 우리 국민의 정체성이라고 할 수 있어요. 우리 선조

대대로 불려 온 동해라는 명칭이 우리 국민들과 그야말로 하나가 된 것이지요. 그런 의미에서 동해 명칭 문제는 아주 중요해요.

Q 흔히 외교관 하면 파티를 여는 등 한국을 대표하는 활동을 하는 화려한 직업으로 알고 있는데 어떤가요?

외교관은 때로는 화려할 때도 있지만 온갖 힘든 일을 해야 할 때도 많아요. 초대를 받아 파티에 참석할 때는 좋지만 파티를 주최해야 할 경우에는 매우 힘들지요. 제 아내는 음식을 준비하느라 하도 칼질을 많이 해서 어깨가 고장 났을 정도랍니다. 하지만 여러분이 생각하는 것처럼 멋질 때도 있어요. 예를 들어 대사로 부임할 때는 우리나라 대통령으로부터 받은 신임장을 부임하게 된 나라의 대통령이나 국왕에게 제출하는데, 이때는 멋진 옷을 입고 가요. 또 나라에 따라서는 마차를 타고 의장대 사열을 받으며 가기도 한답니다.

Q 꿈이 외교관인 어린이들이 지금부터 준비해야 할 것은 무엇일까요?

첫째로, 글로벌 리더가 되겠다는 꿈을 가져야 해요. 한 사람이 어릴 때 어떤 꿈을 가지느냐 하는 것이 전 세계에 큰 영향을 미칠 수도 있으니까요. 둘째로, 다른 문화에 대해 열린 자세를 가지는 것이 중요해요. 외교관이 되려면 다른 문화에 대한 이해와 열린 마음이 필요하지요. 개발 도상국이라고 무시하거나 차별하지 말고, 다양한 문화를 이해함으로써 어렵게 사는 이들에게도 꿈을 실어 줄 수 있어야 진정한 글로벌 리더가 될 수 있어요.

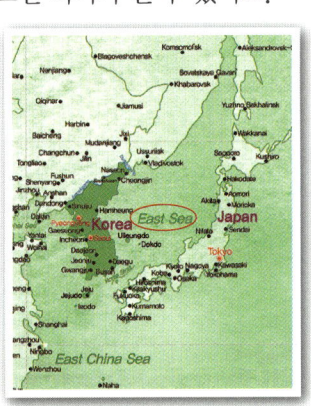

'동해'가 표기된 반크 지도

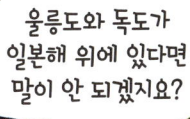

울릉도와 독도가 일본해 위에 있다면 말이 안 되겠지요?

이제는 우리 모두가 국가 대표 외교관

8장

왜곡된 대한민국 역사 바로 알리기 ❸
동북공정, 한국 역사가 중국의 속국?

어린이 여러분, 혹시 '동북공정'이란 말을 들어 본 적이 있나요? 동북공정은 현재 중국 국경 안에 있는 지역의 모든 역사를 중국의 역사로 만들기 위한 연구를 말해요. 중국의 대규모 국가 프로젝트로 연구비만 약 3조 원이 들어갔지요. 동북공정의 논리에 따르면 고구려와 발해, 고조선의 옛 영토는 현재 중국 땅에 있기 때문에 고구려와 발해, 고조선 역사가 중국 역사의 일부분이 되는 거예요.

그런데 이처럼 말도 안 되는 동북공정이 중국을 넘어 전 세계로 퍼지고 있어서 큰 문제이지요. 영국과 캐나다 등의 한국 유학생들로부터 이런 내용의 메일이 왔어요. 교과서를 비롯해 박물관, 방송과 신문, 인터넷 포털 사이트, 백과사전 등에 실린 수많은 세계 역사 지도에 한반도 전체 또는 일부가 중국 땅으로 표기되어 있다는 것이었어요.

이런 상황에서 2011년 교육과학기술부가 고등학교에서 한국사를 필수로 배우도록 하는 '역사 교육 강화 방안'을 발표한 것은 정말 반가운 소식이에요. 중국의 동북공정 프로젝트가 왜곡한 우리나라 역사가 전 세계 교과서에 실리는 것은 반드시 막아야 해요.

세계 최대 백과사전으로 유명한 브리태니커에서 신라와 발해를 중국의 속국으로 기술하고 있어요. 혹시 중국의 동북공정 프로젝트가 이미 전 세계에 사실로 받아들여지고 있는 것은 아닐까요?

중국의 '동북공정 프로젝트'를 막아라!

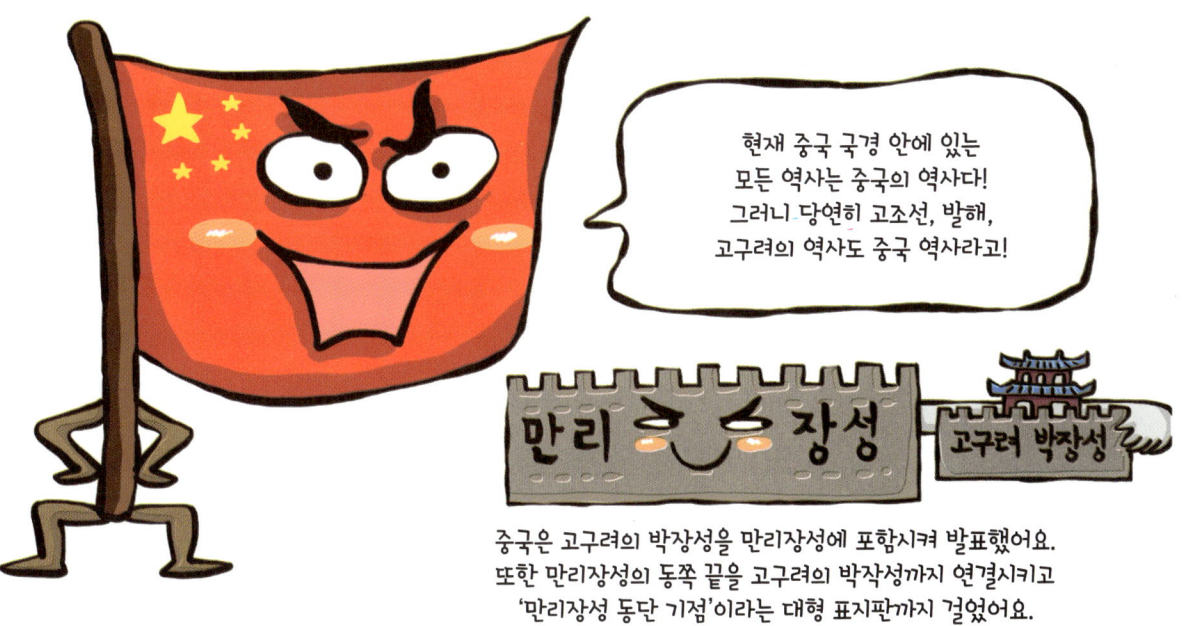

현재 중국 국경 안에 있는 모든 역사는 중국의 역사다! 그러니 당연히 고조선, 발해, 고구려의 역사도 중국 역사라고!

중국은 고구려의 박작성을 만리장성에 포함시켜 발표했어요. 또한 만리장성의 동쪽 끝을 고구려의 박작성까지 연결시키고 '만리장성 동단 기점'이라는 대형 표지판까지 걸었어요.

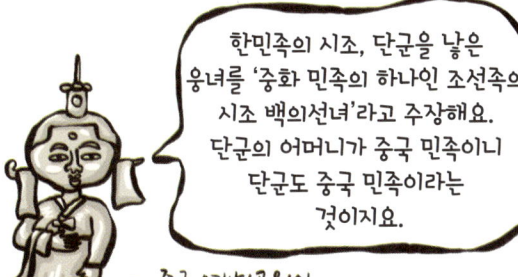

한민족의 시조, 단군을 낳은 웅녀를 '중화 민족의 하나인 조선족의 시조 백의선녀'라고 주장해요. 단군의 어머니가 중국 민족이니 단군도 중국 민족이라는 것이지요.

→ 중국 연변공원의 웅녀상

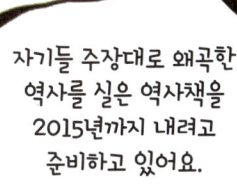

자기들 주장대로 왜곡한 역사를 실은 역사책을 2015년까지 내려고 준비하고 있어요.

저우언라이

역사는 진실성이 있어야 하므로 절대 왜곡해서는 안 되며, 조선이 중국의 속국이었다는 것은 황당한 이야기입니다.

위대한 정치가의 말이니 반박할 수도 없고, 투덜투덜.

중국인들이 가장 존경하는 정치인, 저우언라이조차 중국의 역사 왜곡을 비판했어요. 한국사를 열심히 공부해서 동북공정 프로젝트를 꼭 막아 보자고요!

이제는 우리 모두가 국가 대표 외교관

왜곡된 대한민국 역사 바로 알리기 ❹
우리나라의 작은 섬, 이어도를 지켜요

이어도는 우리나라의 가장 남쪽 끝에 있는 작은 섬이에요. '파랑도'라고도 불리지요. 중국은 고구려사를 중국 역사라고 왜곡하는 동북공정 프로젝트를 끝낸 뒤, 이번에는 이어도를 빼앗기 위해 본격적으로 나섰어요. 중국이 동북공정을 넘어 이어도까지 넘보는 이유는 무엇일까요? 그 이유는 바로 이어도가 가진 가치에 있어요.

세계 최대의 경제 대국으로 성장하고 있는 중국의 영향력에 휘둘리지 않기 위해서 우리나라에 가장 필요한 무기는 바다 자원이에요. 그리고 이어도는 남해의 엄청난 바다 자원을 활용할 수 있는 중요한 열쇠이지요.

배타적 경계 수역이란 자기 나라 땅으로부터 200해리(약 370.4km)안에 있는 바다의 모든 자원을 채취하고 개발할 수 있는 권리를 말해요.

이어도는 대한민국의 바다에 속해 있어요

1995년 우리나라 정부는 이어도에 종합 해양과학기지를 세웠어요. 이 기지는 2002년 12월에 완공되었지요. 우리나라 정부가 이어도에 종합 해양과학기지를 건설한 이유는 국제 해양법상 *배타적 경제 수역 안에 인공 구조물을 세울 수 있는 권리가 연안국인 우리나라에 있기 때문이에요. 21세기 태평양 시대에 대한민국의 미래 비전을 위해 이어도에 헬리콥터 착륙장과 첨단 관측 장비를 보유한 종합 해양과학기지를 건설한 것이지요.

그런데 중국이 이를 문제 삼기 시작했어요. 이어도가 중국의 관할 해역이므로 앞으로 감시선과 항공기를 띄워 정기적으로 살피겠다고 자기들 마음대로 밝힌 거예요.

중국이 이어도를 자기네 바다에 속해 있다고 주장한 것은 이번이 처음이 아니랍니다. 이미 2007년부터 중국 정부 산하기구 웹 사이트에서도 이어도를 중국의 바다에 속해 있다고 주장해 왔어요. 이처럼 이어도가 자기네 바다에 속해

이어도 종합 해양과학기지

있다고 공개적으로 주장하는 중국의 숨은 의도는 과연 무엇일까요? 가장 큰 이유는 남해의 풍부한 자원을 차지하기 위해 밑작업을 벌이는 것이랍니다.

그러나 이어도는 분명히 우리나라의 관할 지역이에요. 이어도는 중국보다 우리나라와 훨씬 더 가까워요. 우리나라의 섬인 마라도에서 이어도는 149km(81해리) 떨어져 있지만, 중국의 섬인 퉁다오와는 247km(133해리)나 떨어져 있으니까요.

이 정도면 누구라도 이어도가 우리나라 바다에 속해 있다는 걸 알 수 있겠지요?

전 세계에 이어도를 빼앗으려는 중국의 속셈을 알려요

그렇다면 누구라도 알 수 있는 사실을 중국이 힘을 앞세워 막무가내로 왜곡하고 우기는 말도 안 되는 현실에서 과연 우리는 어떻게 행동해야 할까요?

먼저 북한과 평화 통일을 해야 하는 우리나라는 중국과 적이 되면 안 된다는 것을 명심해야 해요. 통일을 하는 데 가장 먼저 우리 편으로 설득해야 할 나라가 중국이거든요. 그러므로 이어도를 집어삼키려는 중국의 정치, 군사적 위협에 직접적인 대응과 협상을 해 나가되, 중국을 적으로 돌리는 일은 피해야 해요. 전 세계 여론을 주도적으로 이끌어 우리 편으로 만들어야 하는 것은 물론이지요.

　현재 중국은 갈수록 높아지는 경제력과 군사력 때문에 아시아 국가들과 미국의 경계를 받고 있어요. 우리는 바로 이런 점을 효과적으로 이용해야 해요. 미국의 백악관 국제 청원 사이트와 같은 세계 여러 나라의 정부 사이트, 특히 아시아의 정부 사이트에 이어도 문제를 알리는 거예요. 이것이 우리나라만의 문제가 아니라, 향후 아시아 전 지역의 문제가 될 수도 있다는 것을 널리 알리는 것이지요. 또한 각 나라 대사관의 페이스북과 트위터, 외교부 장관과 대사가 개인적으로 운영하는 SNS를 통해 이어도를 향한 중국의 패권주의 외교를 적극적으로 알려야 해요.

　아시아의 미래와 평화를 향한 나침반, 이어도! 우리 손으로 반드시 지켜야 해요.

미국 정보기관 CIA의 동북공정 오류를 바로잡았어요

2007년 사이버외교사절단 반크는 미국 CIA가 국가 정보 보고서에 "한국은 지난 1천 년 동안 독립 국가였다."라고 쓴 것을 발견했어요. 이에 따르면 1천 년 이전의 우리나라는 중국의 속국이었다는 이야기가 돼요. 이는 명백한 역사 오류이지요. 반크는 이를 국제적으로 이슈화시키며 바로잡으려는 운동을 추진했어요. 먼저 CIA 측에 "이 표현은 한국이 1천 년 이전에는 독립 국가가 아니었다는 의미로 해석될 수 있고, 고구려와 고조선의 역사를 고대사에서 제외하고 있다."라며 정정을 요구하는 항의 서한을 보냈어요. 그 결과 한 달 만에 미국 CIA는 해당 역사 오류를 "한국은 지난 수천 년간 독립 국가였다."로 바로잡았어요.

이렇게 반크가 동북공정과 관련해 미국 국가기관인 CIA의 오류를 바로잡은 것처럼, 어린이 여러분도 인터넷에서 동북공정과 관련된 역사 오류를 바로잡도록 노력해 보세요.

이제는 우리 모두가 국가 대표 외교관

왜곡된 대한민국 역사 바로 알리기 ❺
희망을 말하다!
일본군 위안부 할머니들을 위하여!

최근 저는 청소년 300여 명과 함께 '희망을 말하다! 일본군 위안부 할머니들을 위하여!'라는 주제로 열린 행사에 참석했어요. 이번 행사에 증언자로 나온 김복동 할머니와 길원옥 할머니의 증언은 사람들의 가슴을 먹먹하게 했어요.

87세의 김복동 할머니는 "14세 때 일본군 노예로 끌려가 받은 고초를 우리 국민이 과연 얼마나 알까요. 1992년부터 20년 동안 싸워 왔지만 아무것도 해결된 게 없어요."라고 말했지요. 이어 85세 길원옥 할머니는 "함께 모여 살던 234명 중 많은 수가 세상을 떠나고 이제 63명만 남았어요. 우리마저 세상을 떠나더라도 꼭 일본의 사죄를 받아 주기 바랍니다."라고 당부했어요.

그동안 일본에서는 일본군 위안부 문제에 대한 국가 차원의 책임을 인정하지 않았어요. 그러다 1995년 국가적으로 법적 책임은 아니지만 도의적 책임을 지겠다며 민간 차원의 기금을 만들어 배상하겠다고 밝혔어요. 우리나라의 일본군 위안부 피해자와 지원 단체는 일본의 이런 정당하지 못한 제안을 거부했어요. 그리고 일본 정부에게 다음과 같은 7개 사항을 요구했어요.

1 일본군 위안부 범죄를 인정할 것
2 진상을 밝힐 것
3 일본 국회에서 결의하여 사죄할 것
4 법적으로 정당하게 배상할 것
5 일본 역사 교과서에 기록할 것
6 위령탑과 사료관을 세울 것
7 책임자를 처벌할 것

매주 수요일마다 일본 대사관 앞에서 일본군 위안부 할머니들의 집회가 1천 회에 걸쳐 20년째 진행되고 있지만, 일본 정부는 국가에서 위안부를 강제로 데려간 증거는 없다는 등의 망언을 일삼고 있지요. 이제 우리가 할머니들의 한을 풀어 드려야 해요.

동글납작한 얼굴
조선 소녀의 단호하면서도 굳은 의지 표현

거칠게 잘린 머리카락
부모와 고향으로부터 강제로 단절되었다는 상징

새
세상을 뜬 할머니들과 현재의 우리를 이어 주는 매개체

꼭 쥔 손
무례한 일본 정부에 대한 분노

발꿈치 들린 맨발
고향에 돌아와도 편히 정착하지 못하는 할머니들의 방황

종로의 일본 대사관 앞에 세워진 평화비 소녀상

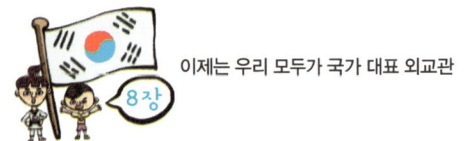

이제는 우리 모두가 국가 대표 외교관

우리나라 외교 대사에 도전해요

우리나라의 모든 국민이 통일 대한민국을 향한 꿈을 꾸게 하고, 한반도 통일 후 아시아의 평화를 만들 수 있는 '아시아의 피스 메이커'가 될 수 있도록 노력해야 해요.

우리나라가 선진국과 개발 도상국을 이어 주는 다리가 될 수 있도록 노력해야 해요. 선진국의 앞선 기술력을 개발 도상국에 전해 주고, 아시아의 가난하고 배고픈 나라들을 돕는 것에 초점을 맞추어야 하지요.

이리저리 나뉘지 않고 하나로 어울릴 수 있는 대한민국을 만들어야 해요. 오늘날 우리 사회가 겪고 있는 계층과 세대, 지역, 이념 간 분열과 갈등을 해결해 화합하는 대한민국을 먼저 만들어야 해요. 그리고 이 경험을 아시아 사람들이 겪고 있는 갈등과 혼란을 치유하는 백신으로 활용할 수 있도록 해야 해요.

우리나라를 대륙과 해양, 동양과 서양을 잇는 새로운 문화 창조자로 만들어야 해요. 대륙 문화와 해양 문화, 동양과 서양을 하나로 이어 주는 문화의 다리 역할을 맡고 나서야 하지요.

대한민국 대표 외교 대사가 되려는 꿈을 꾸는 어린이라면, 이러한 도전 과제를 해결해서 21세기 우리나라의 꿈을 전 세계에 알려 보세요.

우리나라 위치를 소개할 때 일본 옆(Near Japan), 중국 옆(Near China)이 아닌 '한국 옆(Near Korea)'이라고 말하게 되는 첫 세대가 되어야 해요. 예전에는 해외에서 대한민국을 일본 또는 중국의 옆에 있는 나라라고 소개했어요. 하지만 앞으로는 일본과 중국의 어린이가 자신들의 나라가 대한민국 옆에 있다고 말할 수 있도록 만들어야 해요.

대한민국 대표 민간 외교관은 이런 마음 자세를 가져야 해요!

나도 외교관!

먼저 인사하세요!

미국 정부 초청으로 미국에 갔을 때의 일이에요. 첫날 아침 호텔에서 엘리베이터를 타자 한 외국인이 저에게 반갑게 인사를 하는 것이었어요. 모르는 외국인이 친근하게 먼저 인사하자 기분이 좋았지요. 그래서 저도 다음 날부터 엘리베이터에서 처음 만나는 외국인에게 먼저 인사를 했답니다.

먼저 배려하세요!

미국에서 한 대형 빌딩의 1층 정문에 들어갈 때였어요. 바쁜 아침에 앞서 문을 열고 들어간 외국인이 저를 배려해서 문을 잠시 손으로 잡아 주는 것이었어요. 그다음부터 저도 그렇게 행동했지요. 이처럼 남을 먼저 배려한다면, 세계 사람들에게 존경받는 우리나라의 이미지를 심어 나갈 수 있을 거예요.

먼저 존중하세요!

외국의 글로벌 모임에서 주최한 저녁 식사에 초대받았을 때의 일이에요. 같은 테이블에 앉은 한 외국인이 채식용 메뉴를 주문을 했어요. 그때 같이 앉았던 싱가폴 사람이 그를 배려해서 자신도 같은 종류의 음식을 먹겠다고 했어요. 이렇게 먼저 존중한다면 세계 사람들은 깊은 감동을 받게 되겠지요?

먼저 여유를 보여 주세요!

한 외국의 유명 식당에서 겪은 일이에요. 주문한 음식을 오래 기다리게 되자, 앞 테이블에 앉은 한국 사람이 종업원을 큰 소리로 부르며 음식을 빨리 달라고 소란을 피우는 게 아니겠어요? 같은 한국 사람이라는 것이 무척 부끄러웠어요. 이때 저는 우리나라 사람에게 해외의 공공장소에서 좀 더 여유롭게 행동하는 자세가 필요하다는 것을 절실히 느꼈답니다.

먼저 적극적으로 표현하세요!

제가 예전에 세계 여러 나라의 글로벌 리더들 앞에서 제 꿈과 미래에 대한 포부를 말했을 때, 아낌없는 지지와 박수를 보내는 그들에게 감동을 받은 적이 있어요. 그 뒤부터 저 또한 해외에서 외국인들과 대화할 때 그런 태도를 보였지요. 이런 제게 외국인들은 더욱더 열심히 자신들의 이야기를 들려주곤 했답니다.

먼저 긍정적으로 행동하세요!

세계 여러 나라의 글로벌 리더들과 함께 미국의 주요 도시를 방문했을 때 겪은 일이에요. 비행기가 늦어져 공항에서 기다려야 했을 때, 제가 적극적으로 나서서 분위기를 밝게 만들었지요. 이처럼 긍정적인 태도는 국제 사회에서 우리나라의 이미지를 높이는 데 크게 기여한답니다.

먼저 글로벌 에티켓을 보여 주세요!

제가 여러 나라 친구들과 대화하며 알게 된 것은 각 나라마다 지켜야 할 에티켓이 다르다는 사실이에요. 그러므로, 외국인과 만나기 전에 상대 나라의 에티켓과 금기 사항에 대해 미리 인터넷으로 공부해 두면 친해지는 데 큰 도움이 된답니다.

나도 외교관!

어린이 외교관으로 활동할 수 있는 반크

사이버 외교관 교육
(diplomat.prkorea.com)

사이버 외교관을 키우는 사이트예요. 사이버 외교관이 되기 위해서는 온라인상에서 한 달간 12가지 프로그램을 교육받아야 해요. 교육은 영어로 자기 소개, 한국 소개, 해외 펜팔, 친구 사귀기, 한국 홍보 자료 모으기, 해외 한국 오류 발견, 국제 문서 발송법 등과 같은 다양한 내용으로 구성되어 있어요. 세계 사람들에게 한국을 알리고 싶어 하는 어린이, 청소년이라면 누구나 가입할 수 있답니다.

글로벌 역사 외교 아카데미
(peace.prkorea.com)

동해, 독도, 동북공정 등과 같은 동북아 역사 현안에 대한 전문가 강의와 기후 변화, 빈곤, 질병 등과 같은 지구촌 공통 문제에 대한 동영상 교육을 실시하는 사이트예요. 한국의 어린이와 청소년이 올바른 역사 인식을 갖고, 아시아 분쟁과 글로벌 공동 이슈를 해결하는 피스메이커로 성장할 수 있도록 지원하고 있지요.

21세기 광개토 태왕 양성 프로젝트
(wings.prkorea.com)

과거 고구려의 광개토 태왕이 우리 영토를 넓힌 것처럼, 21세기에는 전 세계 외국인들에게 한국의 역사, 영토, 문화를 알림으로써 우리나라의 힘이 미치는 범위를 세계로 확장시킬 수 있어요. 해외여행, 해외 출장, 어학 연수, 국제 캠프, 자원 봉사 등으로 출국하거나 해외 펜팔 등을 통해 외국 친구들에게 우리나라를 알리는 모든 국민들에게 내 고장과 대한민국의 꿈을 담은 한국 홍보 자료를 무료로 지원하고 있지요.

독도를 향한 우리의 꿈이 대한민국의 미래입니다!

사이버 독도 사관 학교
(dokdo.prkorea.com)

어린이와 청소년의 역사 교육을 위한 사이트예요. 독도와 대한민국의 역사, 문화에 대한 동영상 교육을 통해 어린이와 청소년을 세계 사람들에게 우리나라를 제대로 전파시키는 '대한민국 홍보 대사'로 기르고 있답니다.

21세기 이순신 오류 시정 프로젝트
(korea.prkorea.com)

전 세계 교과서와 웹 사이트에서 왜곡된 한국 관련 내용을 발견하고, 시정 요구 활동을 하는 사이트예요. 우리나라에 대해 잘못된 내용을 소개하는 전 세계 출판사, 국제 기구, 정부 기관 책임자들에게 보내는 국제 서한을 작성하고 그들을 설득하는 다양한 방법을 배울 수 있어요.

외국 친구 사귀기
(chingu.prkorea.com)

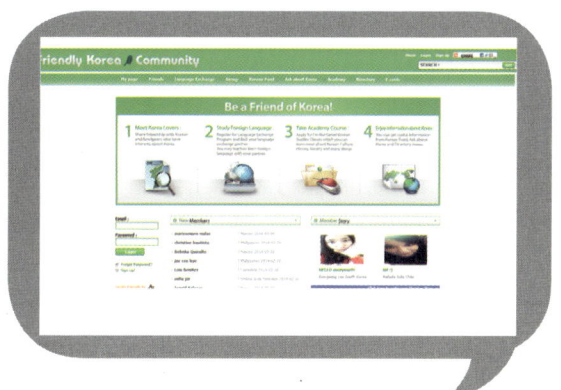

우리와 친구가 되고 싶어 하는 전 세계 외국인들이 모여 있는 한류 커뮤니티예요. 한류로 모인 세계 친구들과 의미 있는 우정을 나누며 '쌍방향 의사소통'을 하는 SNS로서, 이곳을 통해 친구 신청, 언어 교환, 관심 분야별 소그룹 생성 및 교류 활동, 한국의 영토·역사·문화에 대한 영문 교육 동영상 수강 등 다양한 활동을 할 수 있어요.

사진 출처

국토지리정보원, 김다운, 사이버외교사절단 반크, 외교사료관, 연합뉴스, 한국학중앙연구원, Dreamstime, Shutterstock, Wikimedia commons(David Shankbone, World Economic Forum, Happy Midnight, Littleparrot1, Bridget Coila, World Trade Organization, Jleon, World Vision Deutschland, Basil D Soufi, Korea International Cooperation Agency, DFID – UK Department for International Development, Chuck Simmins, Scientology Volunteer Ministers, MRECIC ARG, Eneas De Troya, The Official CTBTO Photostream, by joonghijung, Steve46814)

- 이 책에 실린 사진은 저작권자의 허락을 받아 게재한 것입니다.
- 저작권자를 찾지 못해 게재 허락을 받지 못한 일부 사진은 저작권자가 확인되는 대로 게재 허락을 받고 통상 기준에 따라 사용료를 지불하겠습니다.

| 찾아보기 |

ㄱ

가랑비 외교 · 48
거북선 · 138
경기장 외교 · 48
경주 최 부자 · 142
공공 외교 · 22
공사 · 28
공적 개발 원조 · 45
광해군 · 16
국가 브랜드 · 148
국가 의전 · 24
국교 · 26
국제 앰네스티 조사관 · 95
국제 표기 명칭 대사 · 160
국제기구 · 76
국제기구 인턴십 · 102
국제기구 전문가 · 94
국제기구 직원이 되기 위한 조건 · 101
국제기구 직원이 되는 방법 · 100
국제기구 초급 전문가 제도 · 102
국제기구 친선 대사 · 97
국제백신연구소 · 86
국제연합 · 78, 80, 82
국제연합 봉사단원 · 103
국제연합 사무총장 · 99
국제형사재판소 · 121
국제회의 전문가 · 94
긴급 구호 요원 · 96

김만덕 · 143
김용 · 124

ㄴ

나눔 외교 · 44
난민 · 23
농사직설 · 136
농상집요 · 136

ㄷ

다보스 포럼 · 71
다자 협력 전문가 · 95
대사 · 28
대사관 · 26
대한 제국 · 18
독도 · 154, 156
동북공정 · 162
동시 통역가 · 94
동해 · 158
디지털 대사관 · 56
디지털 세상의 예절 · 72
디지털 외교 · 54
디지털 외교 국제 회의 · 57
디지털 외교관 · 60
디플로머시 · 17

ㄹ

류광철 · 50

ㅁ

모의 유엔 회의 · 104, 108, 110
문화 외교 · 40
민간 외교관의 마음 자세 · 172

ㅂ

박병선 · 114
반기문 · 122
반크 · 60, 174
백의종군 · 139
법무부 · 23
병인양요 · 115
블로그 · 64

ㅅ

사용자 자체 제작 콘텐츠(UCC) · 66
사이버 전쟁 · 55
새천년개발계획(MDGs) · 83
생즉필사 사즉필생 · 140
서희 · 130
세계은행 · 124
세종 대왕 · 134, 143
소셜 네트워크 서비스(SNS) · 54
소손녕 · 130
손미향 · 86
송상현 · 120

ㅇ

아랍의 봄 · 58

안보 및 통일 외교 · 42
앙부일구 · 135
어린이 외교관 학교 · 34
여권 · 23
영사 · 28
영사 외교 · 38
영사 콜센터 · 22
영사관 · 27
오바마 · 55
외교 · 16
외교관 · 30
외교권 · 18
외교부 · 20
외교사료관 · 34
외규장각 도서 · 115
우리 역사 속 국제 전문가 · 142
우리 역사 오류 대처법 · 150, 153
월드체인저 · 70
월드체인징 · 70
위 더 피플 · 159
위안부 할머니 · 168
유네스코 짐바브웨 하라레 사무소 · 88
의전 · 24
이순신 · 138
이어도 · 164
이예 · 132
이종욱 · 116
이태석 · 118
일본군 위안부 평화비 소녀상 · 169

일본해 · 158
임진왜란 · 138

ㅈ

자격루 · 135
장동희 · 160
재외 공관 · 26
전 세계 국제기구 웹 사이트 · 107
젊은 전문가 프로그램 · 102
정부 간 기구 · 76
종묘 제례악 · 137
주요 국제기구 소개 · 84
주재국 · 30
직지 · 114

ㅊ

총영사 · 28
치외법권 · 26
칠정산 · 136

ㅌ

테이킹 아이티 글로벌 · 68
트위터 · 63

ㅍ

페이스북 · 62

ㅎ

한국국제협력단 · 46

한글 · 135
해외 봉사단원 · 96
향약집성방 · 136
허준 · 143
헤이그 만국 평화 회의 · 19
훈민정음 · 135

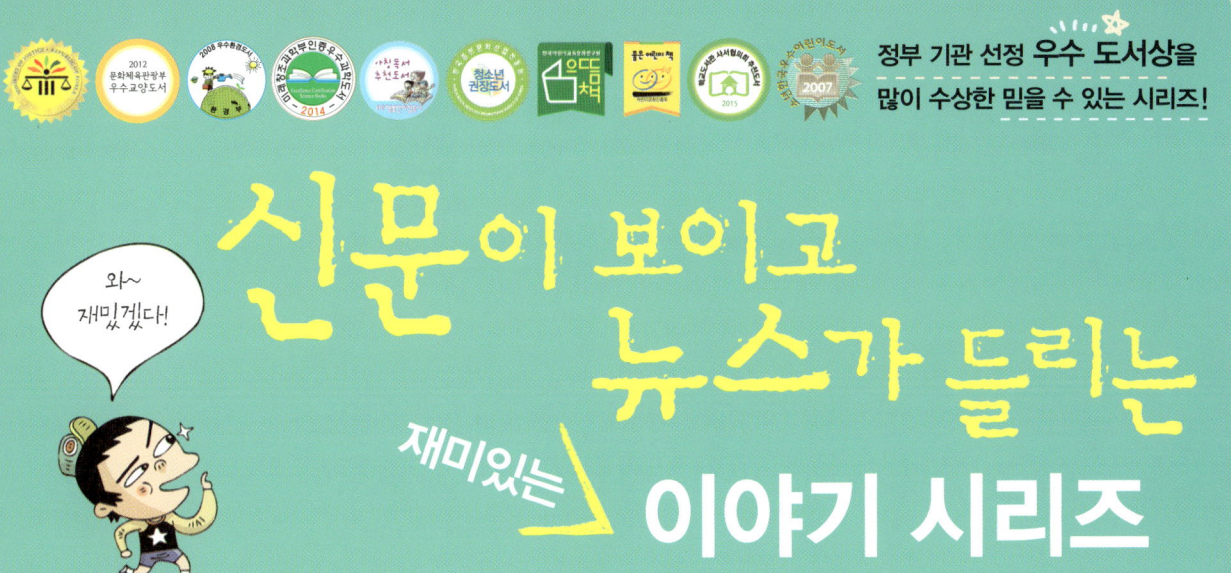

정부 기관 선정 **우수 도서상**을
많이 수상한 믿을 수 있는 시리즈!

신문이 보이고 뉴스가 들리는
재미있는 이야기 시리즈

전 과목 교과학습, 시사상식, 논술대비까지 해결하는 통합교과학습서!

전 과목 교과 지식과 함께 다양한 사회·세계 이슈를 소개하고, 이해하기 쉽게 설명합니다.
서술형 시험과 구술, 논술 시험에 필요한 배경 지식을 쌓고 통합 사고력을 키울 수 있습니다.

전 40권 | 각 권 12,000원

'환경부 우수환경도서' 선정 | '미래창조과학부 우수과학도서' 선정 | '법무부 추천 도서' 선정 | '문화체육관광부 우수교양도서' 선정
'아침독서 추천 도서' 선정 | '어린이문화진흥회 좋은 어린이책' 선정 | '소년한국 우수어린이도서' 선정 | '학교도서관 사서협의회 추천 도서' 선정
'한국출판문화산업진흥원 청소년 권장도서' 선정 | '한국어린이교육문화연구원 으뜸책' 선정

사회와 추리의 만남
모든 사건의 열쇠는 사회 교과서에 있다!

〈어린이 과학 형사대 CSI〉를 잇는 또 하나의 시리즈, 새로운 인물과 더욱 흥미진진해진 사건으로 탄생한 '어린이 사회 형사대 CSI'의 이야기!

다섯 친구들이 펼치는
좌충우돌 형사 학교 이야기.
이제부터 사회 CSI와 함께 흥미진진한 사건들을 해결해 보자!

사회 형사대 CSI는 **계속 출간됩니다**

❶CSI 탄생의 비밀 ❷CSI, 힘겨운 시작 ❸CSI에 도전하다! ❹CSI, 파란만장 적응기
각 권 10,000원